はじめに

中世期ごろには署名や私文書、あるいは権利書などの偽造が横行していたといわれ、一六～一七世紀ごろのイギリスでは裁判所が筆跡鑑定を取り上げていたともいわれていますが、さて、わが国の文書鑑定はいつごろからあったのでしょう。

古い時代のことについては書物に頼らざるを得ませんが、今日でも文書鑑定がいつごろから行われていたかは知られていないようで、法廷で「筆跡や文書類の鑑定はいつごろからあったのですか」などと尋ねられたことがあります。

本書は、著者の手元にある文書鑑定関係の書物と、著者が一九五三年から二〇一九年までの六五年余りにわたって携わった、文書鑑定の実務に基づくものですが、ここでは、わが国の文書鑑定の流れを追ってみることにします。

プライバシーの観点から、個人名は仮名としましたが、お名前が世間に知られている方々については、敬称を省略した上で実名を使わせていただきました。

本書で引用した事件例は、いずれも実例です。

「科学」と「執念」で暴かれた偽造文書◉目次
~日本の鑑定史と知られざるドラマ~

第四章　不明文字鑑定

第五章 複製文書鑑識

第六章 通貨鑑識

第七章　海外からの依頼鑑定

第一章

文書鑑定のはじまり

Ⅰ　古筆見時代

一九四八（昭和二三）年に国家地方警察本部に科学捜査研究所が設立される以前のことは書物に頼ることとなりますが、歴史をさかのぼってみるとそれらしきものがあります。

土佐日記の著者紀貫之《きのつらゆき》は能筆家として知られていますが、貫之の書について藤原定家が、

「謀作の輩、他人の手蹟を以て其の筆と称す、奇怪と謂う可し」

としているように、貫之の書には多くのニセモノがあったようです。

ニセの書は貫之のものばかりではないようで、伊勢貞丈の安斎随筆には、

「いずれの手鑑も巻頭には必ず聖武天皇光明皇后の書き給いし仏経の切れたるを出せり。かの仏経の切れ数多の手鑑に張るほど多くは伝わるまじきことなり、似せなるべし」

などもあります。

第一章
文書鑑定のはじまり

室町時代には平安時代や鎌倉時代の高名な僧侶や歌人、書家などの手跡（古筆）の鑑賞や賞玩が広まっていたそうですが、古筆には限りがあって、入手するのが困難だったともいわれています。

そのため、経文の一部を切り取った「経切」や歌集の断片の「歌切」、あるいは巻物の紙片の「巻物切」など、書の一部を切り取ったものなどが出まわっていたようで、それらの紙片はどれも「古筆切」と呼ばれています。ですが、古筆切では書かれている文字が少なかったため、筆者や由来がわからなくなったものがあったようです（＊1）。

そのようなことから、古筆切にある手蹟の真贋を見分けることが必要となって、そこに生まれたのが「古筆見」と呼ばれた鑑定家で、その第一人者は古筆了佐だったといわれます。古筆了佐は一五七二（元亀三）年、近江国西川の生まれで、本名を平澤範佐《のりすけ》、通称弥四郎といいましたが、豊臣秀次から古筆の姓と「琴山」の鑑定印を与えられたと伝えられています。

古筆見の鑑定方法はさだかでありませんが、各種の古筆切を大量に集めた古筆手鑑なるものを作っておき、これと比較して筆跡の真贋や筆者の名前を判定していたようです。

鑑定品目や筆者名、価値などを書いた古筆見の鑑定書は「折紙」と呼ばれましたが、短冊に書いたものもあって、これは「極札《きわめふだ》」または「極《きわめ》」と呼ばれています。

このことからすると、今日の「折り紙付き」や「極め付き」の語はここからの流れといえるでしょう。

第一章
文書鑑定のはじまり

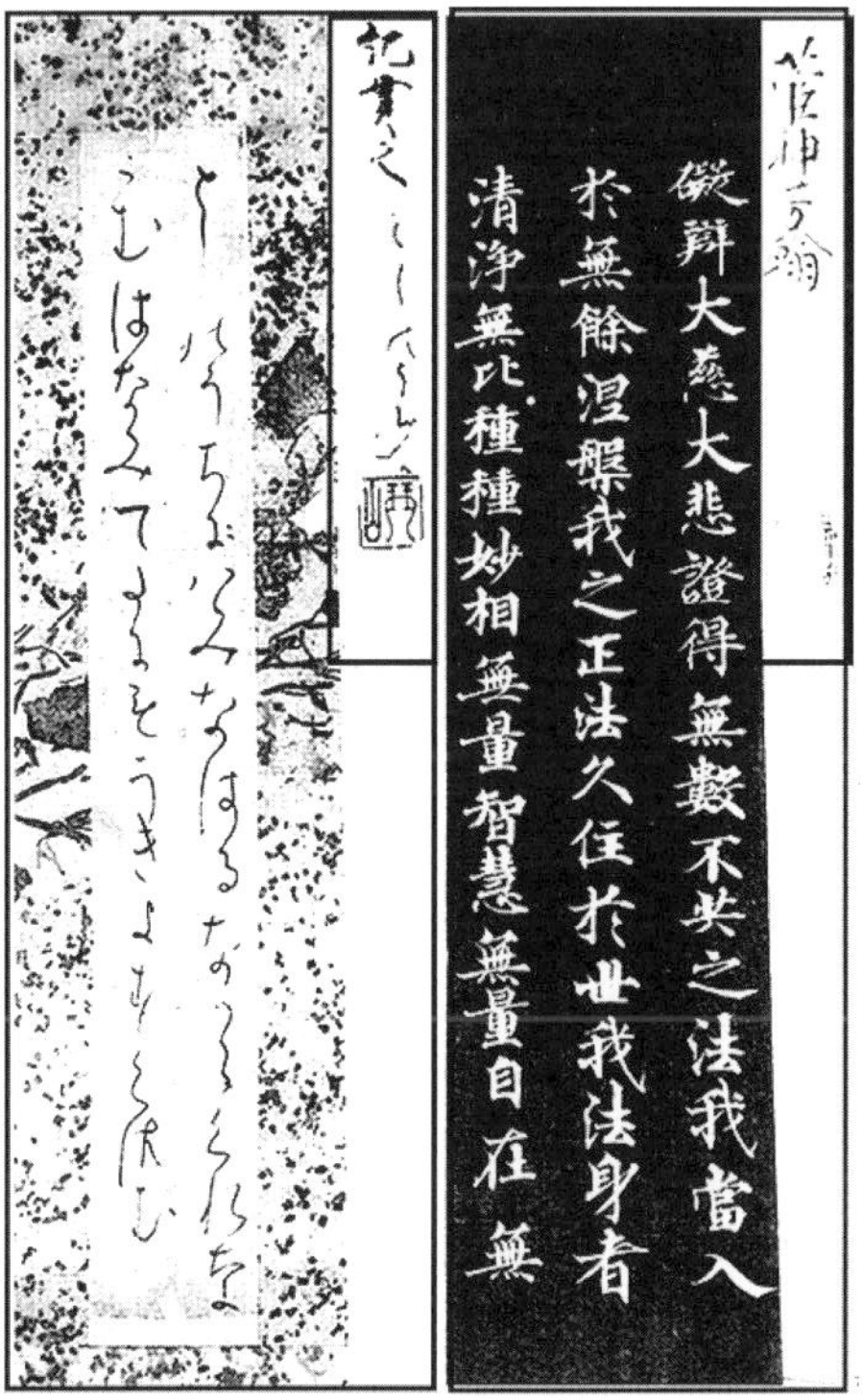

図1　左の図には「紀貫之」の名が見られるところから、
当時の「極札」と考えられるもの

古筆了佐は一六六二（寛文二）年に九一歳で没していますが、了佐には四人の男の子と女の子一人がいて、三男の三郎兵衛が古筆見を継いで古筆了栄を名乗り、次男の勘兵衛は江戸に出て古筆了任と名乗って古筆別家を興していたそうです。

その後はその子らが代々古筆の鑑定を家業としていて、江戸時代には幕府から屋敷を与えられたともいわれています。

古筆見より前には藤原頼長が菅原道真の書と称するものを世尊寺定信という書家に目利きさせたという説もありますが、古筆手鑑を使った明治以前の鑑別法は、今日の筆跡鑑定と違って考証的であったといえましょう。

II　明治、大正時代

弁護士播磨龍城著の「龍城雑稿」（＊2）には一九一四（大正三）年八月に法律新聞に掲載された鑑定の競合（四）が記されていて、そこには、「明治初年大政官から古筆了悦、古筆了仲の二人を呼び出して御達の趣旨は、大政御一新に付其方其家職に対する格式は廃止に為ったが、併し御用命は従前の通りに仰せ付けらるゝから其つもりで相つとむる様にとのことであった」とありますから、当時は、裁判所が命ずる筆跡鑑定はもっぱら古筆家に向けられていたようです。

裁判所が筆跡鑑定を必要とするときは、まず東京府に照会し、東京府の勧業課がそれを古筆家に伝え、それを受けた古筆家が裁判所に出向くというのが当時の鑑定命令の手続きだったのでしょう。

老鑑定家の湯浅鳴門翁は龍城との話し合いの際に「自分は古筆家で修業したもので、丁度自分が免許皆伝を受けた頃でした、師匠（古筆）は老年にもなるしするから私（鳴門）に右役所向きの御用を勤めることにせよとて、師家に下る御用命は大抵自分が之を担当することになりました」といっていますが、そこでは、裁判所の日当は一日五〇銭で「金銭や日当のためではなく国家に対するご奉公ではありますが、これでは裁判所の用が多くて恐縮です」ともいっています。

龍城は東京府の勧業課から、鑑定人の資格があるものを十五名程選ぶようにいわれ、各区から一、二名を選んだそうですが、これらの鑑定人に鑑定を命ずるときは、最初に龍城が命ぜられ、それを龍城が各鑑定人に取り次いでいたといいます。

このことに閉口した龍城が取り次ぎを断ったことから、鑑定を求めて志願する鑑定人がわれもわれもと競り合うことになったそうです。

龍城は「日当さえ貰えば、アトは鑑定人には痛痒を感ぜずと云った風な鑑定人がありとすれば、ソレは大変です」といっていますが、実際にそのような鑑定人がいたのかもしれません。

明治の中ごろから後期にかけては、筆跡や印影の鑑定がかなりの数に上っていたようで、龍城雑稿は「鑑定人を規す」の項で「裁判所に出入りする自稱筆蹟印影古文書鑑定業者中には技倆の甚だ疑わしき連中の多いのは今改めて言ふまでもなく、實は久しき以前からの問題で、其改良は實は多年の懸案である」としており、「その方法はいろいろなるべきも、先ず鑑定業者自身の反省を促して見たい」ともいっています。

鑑定の大家を自称していたり、認識不足や視野の狭い鑑定が横行しているのは昔も今も変わらないといえるでしょう。

龍城雑稿は印界の大家といわれる芦野楠山翁にも触れていて、

「翁は自ら印影の鑑定業者を以て居らざるなり、篆刻家印刻師なるが故に其本職たる特別の知恵を以て時に裁判所の命に應じ印影の鑑定を為すまでなり、而して飽くまで印影鑑定に止り筆蹟及び古文書の年代等のことの鑑定に指を染めず断じて手を出さざるなり、斯くて其人に信用あり、其鑑定は神聖なるなり」

といってます。

一方、龍城雑稿に書かれている今村弁護士の話によれば「ツイ此間東京控訴院刑事四部に於いて鑑定人宮丈吉が同一人の二枚の筆蹟しかもこれは法廷内で筆記したものを異筆なりと鑑定し相原裁判長はじめ列席の判検事を驚かした實例もあることで如此ことは判定人に敢て珍しき事にあらず……」ともしています。

このようなことからみると、当時は直感や、極めて主観的な鑑定で結果を出していたのでしょう。

一九二〇（大正九）年三月二三日の法律新聞掲載の筆跡鑑定論（一）には、「龍城以外にも此の程東京地方裁判所より某訴訟事件に於ける證件拠物の筆蹟鑑定人に任命せられた、餘りに意外であるから、驚いて、一體どうした譯かと聞くと、實は裁判所も原被告代理人も適当の鑑定人を得るに窮した結果、裁判長の提案で原被双方の代理人が賛成して三方一致の意見で定めたのである。

＝中略＝實際のところ筆蹟鑑定に就いては適当な機関がないので何れの方面でも
小言たらたらである」

とありますが、鑑定人がいなかったのではなく、一九一四（大正三）年六月の法律新聞掲載の鑑定の競合（一）には、文部省史料編纂官藤田明、渡邊世祐、山崎藤吉の名があり、その他にも鑑定人太田彰、竹内良文、今泉帝室博物館美術部長、筆蹟印影鑑定業宮丈吉、岡本義邦、石田速夫の名があります。

だが、驚くことに、そこでは文書の記載時期の鑑定も行われています。

どのような方法で記載時期の鑑定を実施したかは不明ですが、「明確な方法で鑑定せしめねばならぬ」ということで、科学的分析試験の鑑定を行うために東京区裁判所が数ヶ月をかけて各方面に照会し、鑑定人を求めていますが、結果としては「どうも適当なる人が得られず、結局学者先生の意見では今日の科学の程度では不可能であるとキッパリ断はられた」とあります。

このことは当然で、今日でも変わりがありませんが、先に名を連ねている鑑定人た

ちの鑑定結果を見ると、

「天保年間頃成立したものと鑑定す」

「記載即ち年度天保七年の成立と認む」

「記載年度の成立と認めがたく明治三〇年前後の作成と認む」

「今を距たる二三十年前内外の作成に係るものと推測す」

などとしたものがあります。

鑑定方法や結果に至った根拠は示されていませんが、この結果はとうてい納得できるものではありません。

一九一四（大正三）年七月の法律新聞掲載の鑑定の競合（二）は「紙質の鑑定に付いて」として、京都の鑑定人種村喜三郎（五八歳）、東京の印刷屋の雇人西脇嘉市（四七歳）、西脇清太郎（二五歳）らの名を挙げていますが、それらの鑑定には、

「東京区裁判所公廷に於いて大正三年五月一五日午前九時二〇分より同
九時五〇分に終わる」

「大正三年五月一八日午前九時二〇分より同年五月一九日午前九時まで

掛り前記の通り鑑定候也」

「大正三年五月一五日より同年五月一八日迄時日を要し鑑定候也」

とあるそうです。これだけの時間でどのような鑑定を実施したのでしょうか。ひと目見ただけで感覚的に判断したものとしか考えられません。

法律新聞掲載の筆跡鑑定論（一）では、

「各地方では習字教師を鑑定人に任命するがソレハ書の先生であるから、異同の鑑別が付くと云ふ考えからであるが＝中略＝ソレは手本を標準としての問題で俗人の書いた氏名住所其他俗用文字の類似したものの見分けが付くものでは無い」

とし、筆跡鑑定論（二）では、

「筆跡の鑑定に付き書家や習字教師が適任と思うは一應は尤もの様で其實素人考である。書の鑑定を書家にさせると同一である。書家は其専門の流派に付いてはみえても其の以外のものになると全く駄目」

と断言しています。

書道教師についても「展覧会の出品の審査でもさすればそれはそれぞれ各自信ずる

標準より審査する事は出来るが、俗人の借用書の眞偽異同は出来るものではない」などとあるのをみると、先の「小言たらたらである」は鑑定人の人手不足ではなく、人材の不足だったのでしょう。

鑑定人の資質の問題はいつの時代にもあって、今日でも資質を問いたい鑑定人は一人や二人ではありません。

鷺城逸史著（本名砂川雄峻）の法曹紙屑籠（＊3）は、

「常に筆跡鑑定人として裁判所へ呼出されつけて居る者は、刑事事件であると偽筆と鑑定し、民事事件であると眞筆と鑑定する傾きがある。筆跡鑑定は絶対確實なものでないから、筆跡の眞偽は其書類其ものについて判断する外に、其書類以外の他の證據をも参照して判斷する方が確實である。だから予は成るべく鑑定人の申請をせず、裁判官自身に判斷を求ることにして居る。予は書家の鑑定よりも老練なる裁判官の鑑定の方が正確だと思う」

としています。これなども鑑定人の資質を問題視したものでしょうが、この言には今日でも肯定できる面があります。

龍城の書には「通例鑑定人は斷定し過ぐるの傾向がある。すなわち斷定に重きを置きて理由を粗略にする。ソレハ鑑定の命じ方がソウいふ風になって居るのと、今一つには賞玩的書画の鑑定風から来た影響と思はるゝ。夫の書画の鑑定は対照的比較鑑定では無い、対照物なしの鑑定、異同の鑑定でなくして短的直覚による眞贋の判定で事足りる譯で、敢えて説明とか理由とか小面倒なものはいらぬ、ところが筆蹟鑑定は同じく眞偽の鑑定には違いないが、ソレとは趣を異にする、斷定、結論より寧ろその理由を鮮明にすることが必要である、ソノ譯は鑑定の上に其当否を判断して取捨する裁判官があるのだから判官は理窟なしには盲従する譯に行かぬ＝中略＝即ち理由を説明して判斷するという必要がある。処が實際には斷定を主として證明を粗略にする傾向がある。中には全く斷定丈けで、理由を欠如するのがある」とあります。

結論を出すことに急で、根拠の説明をおろそかにしている例は今日の鑑定にもあって、今日でも大塚一男弁護士（＊4）はその点を厳しく指摘しています。

断定的な結論のみに固執する鑑定人は、そもそも鑑定人は裁判官の補助者に過ぎないことを忘れているのではないでしょうか。

ある私的鑑定人は「稀少筆跡個性といえば、まずは珍しい筆跡であるが、その一つとして『誤字』というものがある」（＊5）と述べていますが、すべての誤字に稀少性があるわけではありません。例えば「博」字や「専」字の右上に点画がある、ないや「横」字の「由」部に「田」を書く誤字が多くの筆者に共通していることは、誤字についての調査のデータが明らかにしているところです。

誤字イコール稀少筆跡などというのは、データに基づかない短絡的な判断でしかなく、結論を出すことに急な鑑定になりかねません。

龍城は「科學上で説明できる範囲は應用すべきである」とした上で、

「……裁判上の鑑定はそれではいかぬ、即ち科學的でなくてはいかぬと思う、＝中略＝手形が十通もあり、対照物も四通同一のものがあるから之を通じて比較対照し、鑑定物十通を通じて係争筆跡の風格、筆力、筆致、筆癖等の特色を把握するの便を得たが、若し之が一通であったならば一通に現れたるものを標準としなければならぬ、それでは特色が偶然か故意か、かもわからぬ」

としていますが、これは今日の筆者識別でいう筆跡の個人内変動の検証に当たるもので、筆跡鑑定では欠かせない重要な問題です。

龍城は対照物についても、一通であったら「標準点が甚だ薄弱なものになる、況や対照物は法廷筆記で所謂他所行きの書である。他所行きの筆記より不用意の間に成りし筆蹟即ち手紙なり其の他のものの方が良いわけである」などともいっています。

これらのことから考えると、過去の筆跡鑑定は手法が短絡的で、目視による主観的な検査であったと考えられますが、龍城はこの点について厳しく批判しており、その考え方は今日のすべての文書鑑定に通ずるものでもあります。

昭和に入って、金澤重威や高村巌は現代風の筆跡鑑定を試みていますが、そこに至っても「伝統的筆跡鑑定法」といわれるように、経験と勘による官能検査が主軸であって、今日でもそれを引き継いでいる鑑定人が少なくありません。

筆跡を対象とする鑑定には事件関係の鑑定とは別に、古文書学の分野での鑑定もあります。日本古文書学会では考証学的問題を含めた研究が行われていて、そこでは「古文書の真偽を判然と区別することが鑑定であり」としています。

ところが、一方には、筆跡心理学が筆者識別の基礎という鑑定人もいます（＊6）。

筆跡から人の性格や行動の傾向を読み解くのが筆跡心理学（グラフォロジー）であって、ここでの知見は筆者識別とは全く違うものです。

龍城雑稿がいう問題点の多くは現在の文書鑑定にも通ずる面が少なくありませんが、古い時代にいわれていたことが今日に至っても見られることについては、鑑定を求める側と行う側の双方が認識せねばならないことでしょう。

Ⅲ 文書鑑定と警察の出会い

「近代国家を目指してヨーロッパの制度を数多く取り入れたにもかかわらず、文書鑑識は旧態依然であった」とあり、続けて「西洋流の裁判制度が取り入れられると、筆跡鑑定の専門家の需要も高まったが、鑑定手法は進歩が見られなかった。＝中略＝このような事情から、筆跡鑑定の鑑定結果に対する信頼性を高める必要性が高まり、大正時代の終わり頃に警視庁の技師・金澤重威がヨーロッパに派遣され、欧米流の筆跡鑑定手法を学んだ」とした図書があります（＊7）。

しかし、これは大きな誤りで、当時（大正一二年）の警察では筆跡鑑定は行われていません。

一九二五（大正一四）年九月から一九三五（昭和一〇）年六月までの十年間警視庁の鑑識課長であった吉川澄一は自警（＊8）の中で「大正十一年七月、技術写真主任金澤重威技手は内務技手兼任となり刑事写真研究のため一年の予定で欧米出張を命ぜられた。当時判任級の海外視察は異例だというので相当注目を惹いたようである。が、形式は別として実務家の実地見学は真に意義あるもので、必ずや得るところも尠なくなかったろうと信じる」とし、金沢の欧米出張は刑事写真研究のためとしています（＊9）。

元警察庁刑事部鑑識課写真専門官の石渡廣は警察学論集（＊10）で、刑事写真研究のための金澤重威の欧米出張に触れて、

「金澤技手は、その折、フランスからベルチョン式被疑者写真撮影装置、ドイツからは水銀燈照明の現場指紋撮影装置、現場撮影カメラ、顕微鏡写真撮影装置等の新鋭器材を、当時の金額で数万円を投じて購入し帰国している」

と記しており、さらに石渡は、日本写真学会誌六十年史（＊11）でも、「警察写真の

今と昔」と題して『内務技手金澤重威、欧米各国へ留学ヲ命ス、大正一一年七月四日付内務省』の辞令と金澤がフランスで購入して持ち帰ったという、ベルチョン式被疑者写真撮影装置の写真を掲載していますが、そこでは「辞令の上部にメモ書きで、警視庁三五〇〇円、内務省三六〇〇円、帰国後警視庁五〇〇〇円、計七六〇〇〇円と記載されている。この金額が出張費なのか、器材購入費なのか定かでない。しかし、大正九年の巡査の月給が三〇～七〇円、東京府のバス賃が一区一〇銭だったことから、その額は相当高額だと推察できる」と述べています。

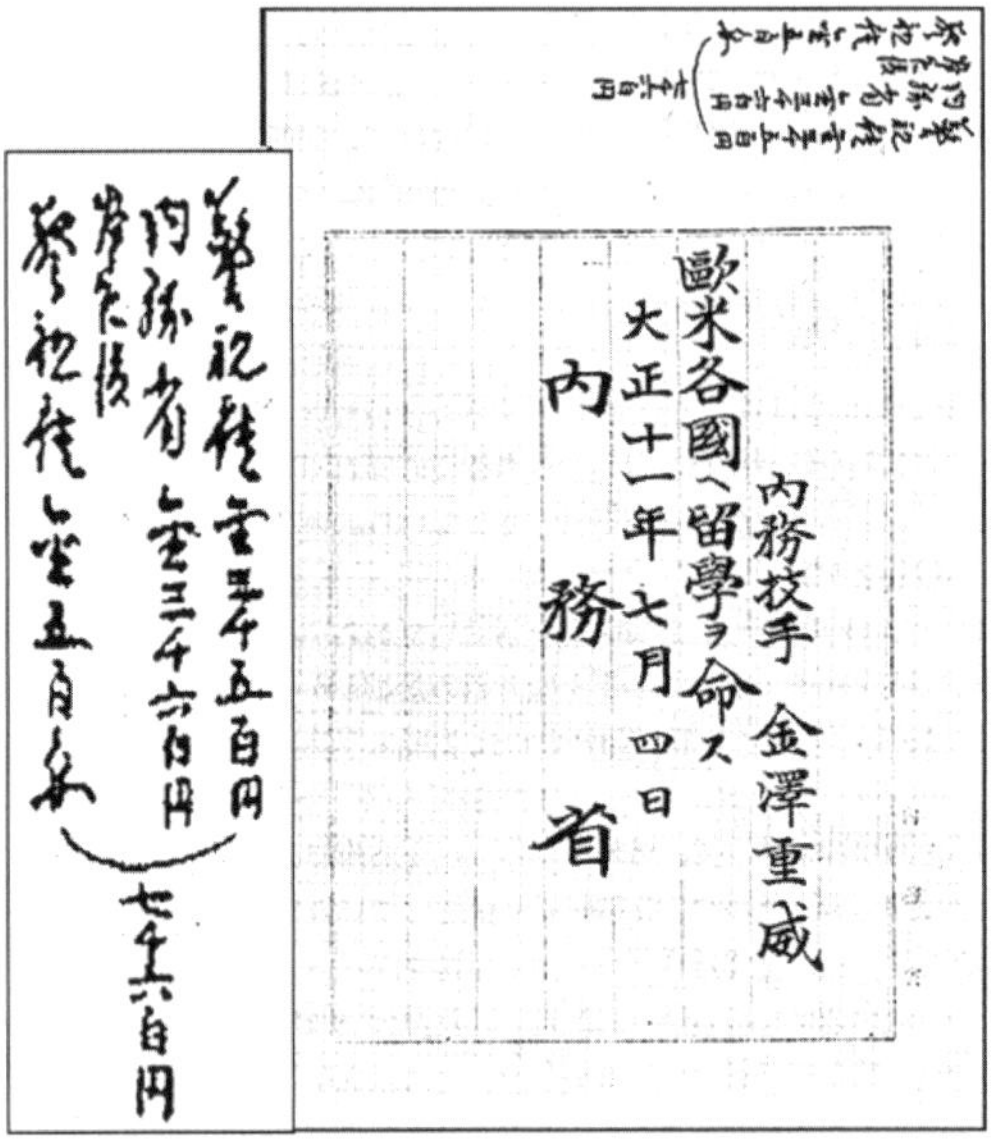
内務技手　金澤重威
歐米各國ヘ留學ヲ命ス
大正十一年七月四日
内務省

図2　金澤重威技手に欧米留学を命じた内務省の辞令
左の拡大図は辞令の右上に書かれているメモ書き
当時としては多額と考えられる“七千六百円”が書かれている

金澤重威の子息の金澤良光（元科警研文書研究室技官）によれば、父の金澤重威は出張中にパリ・ロンドン・ウィーンなどの警察を歴訪し、帰国の途中でアメリカに立ち寄っていたそうです。

金澤良光は、父の重威が帰国したのは一九二三（大正一二）年の八月末で関東大震災の直前だったが、重威から「ヨーロッパから持ち帰った器材は震災のとき、横浜に投錨中の船に積まれたままだったので難を逃れた」と聞かされていたといいます。この器材とは、石渡廣が警察学論集や写真学会誌に記しているベルチョン式被疑者写真撮影装置や水銀灯のことでしょう。

金澤重威は近代犯罪科学全集第二篇・理化学鑑識法（＊12）の鑑識写真の項に「裁判所又は警察に於いて取扱ふ事件に就き、それに関連する物件の鑑定をすることは極めて緊要である。之には写真術を応用して正確な効果が得らるゝ場合が尠くない」とし、「曾て安田銀行の貯金通帳を盗み、番号と宛名をインキ消しで改竄して詐欺を犯した事件があった。＝中略＝之を紫外線下で検すると其内の一部は讀み得られるが全體の要領が判らない。そこでプロセス乾板《著者註：ハロゲン銀乳剤を塗布しただけの非整色性乾板》を用いて複寫して見ると意外な好成績が現れ全字画が判明したので今更ながら写真の威力に驚いたことがある」と写真の効果を絶賛しています。

金澤重威は印影と筆跡が重複しているものについても「最初にプロセス乾板で擴大写真を撮って第一原板とし、次に赤色フィルターを使って全整色乾板《著者註：ハロゲン銀乳剤に増感色素を加えたパンクロマチック乾板》で擴大撮影した第二原板をプロセス乾板に密着焼き付けしてこれを第三原板とした後、第一原板と第三原板を重ね合わせてプリントして印影と筆跡を分離する」と、その手法を細かく説明しています。

近代犯罪科学全集が一九二九（昭和四）年発行であることからすると、これらのテクニックは金澤重威が欧米への出張で得たものでしょう。

金澤重威は、科学写真便覧（＊13）の司法写真の項でも改竄について「改竄が鉛筆の場合は抹消が行はれている。依ってその部分に対して極端なる斜光線を当てる。抹消された跡には不可視の筆溝が存在するからこの光線により溝に蔭が出来たのを寫し取るのである。又裏面から凸堤を寫す場合もある。此の斜光線は殆ど紙面と並行でなければならない」としてその手法を細かく述べていますが、そこでは「此方法は筆者の発見である」としています。同著には次のような記述もあります。

「墨汁で改竄された場合、又は消された場合は透過光で長い露光を與えて寫す。此際餘分の光線が入らぬ様な装置が必要である」

「白粉等で消して改竄した物は透光で簡単に撮れる」

「インキ消しによる改竄又は無色薬液による秘密文書は紫外線を利用して撮影する。又紫外線や赤外線は詐欺物件の判別写真に利用せられる」

「紙幣、有価證券等の偽造は勿論その他の悪計でも単に擴大写真で容易に識別されるものが尠くない」


金澤重威は近代犯罪科学全集や科学写真便覧のなかで文書鑑定における写真の効果について多くのページを割いていますが、筆跡に関しては「筆蹟の鑑定は最も困難なものである。無學者の筆跡は比較的容易だが、能筆家が能々作筆したものは至難である。併し、起筆若しくは結筆の点に若干の隠し切れない個性が潜んでいる。即ち筆跡には他人が偽筆することの出来ない特徴と、又自己の筆跡でないように書いても尚隠し切れない筆癖が残っている。それで此個性を寫眞で現はして研究すれば有効な結論に達することが出来る。又偶には擴大して幾何学的証明の出来るものもある」と述べ、ここでも写真が有効な結論に達するとしています。

これらのことからみると、金澤重威の欧米留学は筆跡鑑定のためではなく、刑事写真鑑識が目的であったといえるでしょう。

帰国後、欧州で見たものを写真を通して文書鑑定に利用していますが、高村巌が一九三五（昭和一〇）年になって、ようやく筆跡鑑定が実用できるようになった（＊14）といっているのをみても、金澤重威の著に筆跡に関する記述がないのは当然でしょう。

法医学者の浅田一は、近代犯罪科学全集（＊15）の犯罪鑑定餘談の筆蹟鑑定の項で「最近筆蹟鑑定を二つやった。餘り治療医學には関係はないが法医学の實際に於いてはこんな事迄やるかという事を知って戴きたい為に、ここに書いて見る事にした。純筆蹟鑑定の例では乙第一号證と乙第二号證とは同一筆蹟なりやという命令で二つの領収證が交付された」としており、個々の筆跡の拡大写真や顕微鏡所見と称する複数の写真を示しています。

同全集が一九二九（昭和四）年の発行であることからみると、当時は法医学者が筆跡鑑定を依頼されていたようです。

日本古文書学講座総論編（＊16）では、警察における文書鑑定の沿革について、「鑑識課と名乗って明文化したのが大正一〇年ということであって、実際の業務は刑事課（室）の中で鑑識係の刑事、またはベテランの刑事によって実施されたり、民間・大学等に依嘱されたりしていたものらしく、いわゆる『筆跡鑑定』だとか、『印刷物鑑定』だとかも必要に応じて外部の専門家に依嘱していたといわれる」としています。

先の犯罪鑑定餘談を記している浅田一は、ここでいう外部の専門家ということになるでしょう。

一九二九（昭和四）年当時は、東京大学法医学部の浅田一（＊17）が筆跡鑑定の依頼を受けていることや、金沢重威がヨーロッパで見たサインの鑑定にならって筆跡鑑定の研究を始めていることなどからみると、警察ではこのころになってようやく筆跡鑑定に手を付けたようです。

科学警察研究所（以後、科警研という）の文書研究室で筆跡鑑定を担当していた金澤重威の子息の金澤良光は「父は、帰国後、ヨーロッパではどこの国でもサインの鑑定をしていて専門家がいる。日本でも今後は筆跡鑑定の研究が必要だ」と始終口にしていたといいますから、金澤重威はヨーロッパでサインの鑑定が行われているのを見て、わが国でも必要と考えて帰国し、高村巌を助手として筆跡鑑定の研究を始めたのでしょう。

高村は「直線による構成の漢字に、曲線的なローマ字の鑑定方法を其のまま採り入れられない」としています。

金澤重威は一九三二（昭和七）年に警視庁を退職していますが、子息の金澤良光は父の重威に「今後はわが国でも筆跡の鑑定が必要になる」と勧められたことから筆跡鑑定の道を選んだそうです。

一九五三（昭和二八）年当時、科捜研で金澤良光と著者に、三年余りにわたって筆跡鑑定の実務を指導していたのは、ほかならぬ高村巌でした。

指導とはいえ、高村自身が扱っている筆跡鑑定の下見が日課でしたから、今日の理論と実習を軸とする法科学研修所の研修と比べたら高村の指導は研修から程遠いものといえますが、筆跡を比べて「同じところと違うところに印をつけておけ」と命ぜられていましたから、著者と金澤良光はそれなりに筆者識別の実務を鍛えられています。

一九一一（明治四四）年四月に設けられた警視庁第一部刑事課は一九二一（大正一〇）年六月に刑事部になりましたが、同時に鑑識係から昇格した鑑識課には鑑識係と技術係があって、技術係は指紋・足跡・写真・理科学検査などの刑事鑑識を担当しており、ここでの訓令甲第一九号写真撮影規定第二条三には顕微鏡による搾微撮影、同条四には光線分解による鑑別撮影などがあります。

金澤重威の欧米出張は、この技術係の写真撮影規定を踏まえてのことでしょうが、このことからみると、警察における文書鑑定は金澤重威が「写真の利用で有効な結論に達する」としているように、一九二三（大正一二）年以後に写真の利用から始まったといえそうです。

その流れがあってか、一九四八（昭和二三）年に科学捜査研究所（以後、科捜研という、現科警研）が設立された当時、文書鑑定係は高村巖を課長とする写真課のなかの一係でしかなく、もっぱら写真技術を主とした文書鑑定が行われていました。

一九五五（昭和三〇）年ごろまでの写真課の設備は大部分写真機材で、文書鑑定用の器材といえば卓上型の拡大鏡に過ぎなかったことから、筆跡鑑定を担当していた長野勝弘技官（後の文書研究室長）は「せめて顕微鏡くらいは欲しい」と嘆いていましたが、数年後になってようやく、上方から覗く旧型のオリンパス双眼実体顕微鏡が採り入れられています。

高村巌著の「筆蹟及び文書鑑定法」（＊14）には、「昭和一〇年ごろになって筆跡鑑定が犯罪捜査に利用され始めた」とあります。

高村巌が『筆跡及び抹消前の文字鑑定・昭和一〇年（キシ）第四九一号共助事件（昭和一〇年八月二一日）』の鑑定を、裁判所から命ぜられた最初の鑑定としているのをみても、筆跡鑑定はそのころになってようやく裁判所から鑑定を命ぜられるまでになったといえるでしょう。

これらのことからみると、わが国の警察における文書鑑定は、筆跡鑑定よりも写真を利用した印影鑑定や不明文字鑑定のほうがはるかに早かったことになります。

金澤重威の欧米出張は、本来、刑事写真の研究が目的であったはずですが、その結果として現在の文書鑑定が誕生しているのをみると、金澤重威は写真の利用を基にして文書鑑定の草創期を築いた先覚者といえるでしょう。当時の事情からすると、後に科捜研の顧問になった法医学者の浅田一博士も文書鑑定の草創期において忘れることのできない一人といえそうです。

Ⅳ　判例が示す「文書」

「文書」とは、というと日本国語辞典には「文字を用いて人の思想を書きしるしたもの。かきもの、もんじょ、ふみ」とあり、広辞苑にも「文字で人の思想を表したもの。かきもの、もんじょ、ふみ」とあります。

鑑定が扱う「文書」を掘り下げてみると、その基になるものには大審院明治四三年九月三〇日判決の『明治四三年（れ）第一五八八号、私印私書偽造行使公印盗用詐欺取財未遂及詐欺取財等並附帯私訴ノ件』の大審院刑事判決録があって、その判決要旨は、

「文書トハ文字若クハ之ニ代ルヘキ符号ヲ用ヰ永続スヘキ状態ニ於テ或物体ノ上ニ記

載シタル意思表示ヲ指称ス而シテ其物体ノ種類ニ付テハ法律上何等ノ制限ナシ」

としています。また、一九三八（昭和一三）年七月四日、大審院第一民事部判決の『昭和一三年（オ）五二〇号、私生子認知請求事件』では、書証となるべき文書の意義の中で、

「……提出せられたるものは被上告人の胞衣を入れたる桐箱の表書なり即ち文書に非ずして物件なり物件は本来書証にして採用すべきものに非ずして検証の目的たるものなり」

とし、続けて、

「唯物件と雖も證徴の為め作りたるものに限り書證の規定を準用するのみ然らば凡そ物件を證拠として提出したる場合には之が證徴の為め作られたるものなりや否やを決定し而して證徴の為め作りたるものなる場合に於いて初めて書證として採用すべきものなり、＝中略＝　然れども通常の文字又は之に代わるべき符号に依り思想を具象する物体は之を組成する物質の如何に拘わらず之を文書と謂うべし必ずしも證徴の為に作成せられたるものなりや否やを問わざること勿論なるを以て本件第七号證にして所

論の如く被上告人の胞衣を入れたる桐箱の表書なりとするも此の一事は以て同号證の文書たることを妨ぐるものにあらず」

としています。この判例は要旨のなかで、

「文書とは、通常の文字またはこれに代わるべき符号により思想を具象する物体をいい、それを組成する物質が、桐箱であっても差し支えない」

ともしています。

『昭和五八年一一月二四日最高裁判所第一小法廷決定の昭和五七年（あ）七〇九号、公正証書原本不実記載、同行使、偽造私文書行使被告事件』では、裁判官谷口政孝は補足意見として、

「従来、学説、判例は、この原本が文書であることを当然の前提としてきた」

とした上で、

「ところで、刑法上の文書の概念については、一般に『文字または文字に代わるべき代替的符号（谷口註・記号といってもよい）を用い、ある程度永続すべき状態において物体上に記載された意思または概念の表示であって、その表示の内容が法律上また

は社会生活上重要な事項について証拠となりうるものをいう』とされる（大審院明治四三年九月三〇日判決、刑録⑯輯一五七二頁参照）」と大審判明治四三年九月三〇日を引用しています。

今日の文書鑑定はこれらの判例に基づくものであることから守備範囲が広く、永続すべき状態であれば、文字に代わるべき符号やそれを組成する物体の種類についても制限を設けていません。

一九七五（昭和五〇）年の北海道警察本部の爆破事件や一九七六（昭和五一）年の北海道庁爆破事件の声明文では、手書きされた「※」印の記号が二人の私的鑑定人によって鑑定されており、ビニールテープにダイモテープライターを使ってカタカナで印字した同事件の声明文は、道警本部科捜研と科警研が共同で鑑定を行っています。

爆破事件といえば、一九七五（昭和五〇）年四月一九日の東アジア反日武装戦線「大地の牙」による韓国産業経済研究所爆破（韓産研爆破事件）の鑑定もあります。ここでは爆弾の容器に使われたアタッシュケースの留め金の破片が鑑定資料とされており、製造過程で取り付け位置を示すために鋳物の留め金の裏に記された「L」と「R」

の鋳造文字が文書鑑定の対象とされています。

当時の連続企業爆破事件では粉々になった爆体の破片を集めてそれを繋ぎ合わせて、それが森永ミルク缶であったことなども明らかにしています。

紙に書かれた筆跡のほかには、犯罪現場に残された容疑者の革手袋のイニシャルの鑑定（平成五年札幌地裁刑事部強盗強姦事件）などもありますが、ほかにもスプレーを使って塀に書いた嫌がらせの文やエレベーター内に書かれたカキ傷状の誹謗文書などの文字も文書鑑定の対象とされています。

これらの例は、判例がいう文書とは「文字又はこれに代わるべき符号、永続的な状態、物体については法律上何等の制限がない」ということになりましょう。

世の中の進歩にともなって市中の文書類には著しい移り変わりがあります。その昔は墨と筆で縦書きされていた文字に鉛筆や万年筆の文字や横書きの文書が加わり、ボールペンやフェルトペンが登場し、カーボン複写からノーカーボン紙まで同時複写の範囲が広がっており、さらに、ファクシミリの受信文書、あるいはデジタルフルカラーコピーへと文書鑑定が対象とする文書が年とともに変わってきていますが、それを追うように基礎的な研究を進め、新しい技術を組み込んだ検査を行っているのが今日の法文書分野の文書鑑定といえます。

V　国家地方警察本部科学捜査研究所の誕生

第二次世界大戦後の一九四七（昭和二二）年の初頭には、内務省警保局に犯罪鑑識の技術面を担当する鑑識第二課（課長吉川澄一）が誕生しています（第一課は事務系）。そのころ、橋本環（元警察大学校教授）や荻野隆司（元警察庁次長）は、現在の科警研のような施設の設置を検討していたようですが、そのときすでに拳銃と偽造通貨の集中鑑識（現国家公安規則）が考えられています（＊18）。

国家地方警察本部科学捜査研究所（現科警研）設置の対外折衝に前田利明（元警察大学校長）らが着手したのは一九四七（昭和二二）年七月のことでした。

大蔵省主計局に対する予算要求には柏村信雄会計課長（元警察庁長官）が当たっていましたが、当時のわが国は連合国軍の占領下にあったため、国への予算案はすべてGHQ（連合国軍最高司令官総司令部）の審査を必要としていたことから、その方面への交渉は荻野隆司と朝比奈仙三（元岐阜県警本部長）、下稲葉耕吉（元警視総監）、前田利明らが当たっており、GHQ側の担当者は公安課長のイートンと同課員のエンゲルとモルバーだったといいます。

科学捜査研究所は一九四八（昭和二三）年五月一日、警察法（昭和二三、法律第一九六号、第一条第一五条）に基づいて国家地方警察本部刑事部鑑識課の付属機関として設置されていますが（＊19）、当初、科捜研の発足事務所では「犯罪科学研究所設立事務所」の看板を掲げていたそうです。

ですが、ここにもGHQの介入があって、所名は「科学捜査研究所」とされています。当初、GHQの勧告では「Scientific Crime Investigation Laboratory」と「Photography Laboratory」の二本立てでしたが、発足したのは総務、法医学、理化学、写真、銃器、犯罪学の六課でした。

旧人事院ビル（現合同庁舎2号館）二階の西北側の一室に事務系、同六月八日にレンガ建四階ビル（現合同庁舎1号館、旧海軍省ビル）三階の一七〇坪に技術系が開庁し、法医学課長本田親任、理化学課長西山誠二郎、写真課長高村巌、銃器課長岩井三郎らの技術陣で業務を開始しています。

このときの写真課には写真係と文書係の二係があって、所掌事務は改竄、変造、炭化文書等の特殊光線写真による鑑定と筆跡および偽造通貨の鑑別とされています。すなわち、文書鑑定は写真課の一係が担当していたに過ぎなかったといえます。

その後科捜研は桜の名所で知られる千鳥ヶ淵近くの千代田区三番町六番地の元内務省警察講習所(戦時中の特別高等警察研修所)の跡地に移転し、一九四九(昭和二四)年九月一日に国務大臣をはじめ、衆参両議員代表、GHQ代表らが参列して移庁式を行っています。

一九四九(昭和二四)年五月には科学技術の高度化を図って、古畑種基(法医)、浅田一(法医)、秋谷七郎(化学)、河村正弥、山本祐徳(物理)、木村健次郎(光学)、団藤重光、戸川行男、吉益脩夫(犯罪心理)を顧問に迎えていましたが、写真課では鎌田弥寿治(東京写真短期大学学長)、伊東亮次(日本印刷学会会長)を顧問としています。

Ⅵ 「科学捜査」という語の由来

「科学捜査」の語はどこで生まれたのでしょう。後に科捜研の顧問となった法医学者の浅田一（＊17）は、

「所謂科学的捜査と称される鑑識捜査法が、創始され発達したのは獨逸、墺太利（ドイツ・オーストリー）に於いてであって、英国や米国では最近漸く関心を持たれるようになったのである。獨逸、墺太利は警察力の最も強大な国であり、英国や米国は所謂自由の国と称される国柄である。自由の国英米に創まらずして、獨・墺の如き警察力の強大な国に於いて創められ、発達したのは何故か？　警察力の強大な獨逸や墺太利では、警察は些細の理由でも人民を強制し、同行や検束もできるし、亦拘留なども容易に出来たのである。斯様な関係からしてどうもすると人民が非常に迷惑を蒙るようなことが少なくないので、遂に一般民衆の間から警察攻撃の輿論が起り、その声は次第に高くなって来た。ここに於いて警察側でもその輿論に刺激されて、種々研究を重ねた結果、所謂科学的捜査法なるものを案出し、これに依って證據の蒐集獲得方法

に一大改革を加えたのだということである。従って所謂科学的捜査と称ばれる鑑識捜査法は自発的に創められたものではなく、全く他動的に実用に迫られて生まれて来たものである」

と述べています。

同じようなことは吉川澄一の講義録にもあって（＊9）、そこでも浅田一と同じようなことが述べられていますが、これらのことからすると「科学捜査」の語はドイツやオーストリアで必要に迫られて生まれたものでしょうが、わが国には上記のように、ＧＨＱを介して「科学捜査」の語が取り入れられたことになります。

Ⅶ　警察庁科学警察研究所の機構改革

国家地方警察本部の附属機関であった科捜研は、警察法の改正によって一九五九（昭和三四）年に警察庁の附属機関となり、機構改革で「科学警察研究所」に改名していますが、これを追うようにそれまでは独自の名称であった都道府県警察の検査所なども一九六一（昭和三六）年から一九八二（昭和五七）年にかけて「科学捜査研究所」に改名し、全国的に名称が統一されています。

一九四九（昭和二四）年に東京・霞が関から三番町の高台に移った科警研は九段上から半蔵門に向かう青葉通りに面していて、前の道路には都電の一〇番系統（渋谷―須田町）が運行されており、玄関には荻野隆司所長書の『罪には剣を無辜には盾を』の横書きの額が掛けられていました。

はじめのころの研究所は木造二階建てで、研修生は二階の日本間を宿舎としていましたが、機構改革や人員増などで手狭になったことから増改築が繰り返され、徐々にコンクリート建ての庁舎になっています。

高台であった土手を掘り下げて地階とし、そこにラジオアイソトープ研究室（RI管理区域）と交通部の実験室（走行実験を可能とした乗用車の設置）が造られ、この改築によって道路側から見た研究所は鉄筋四階建てとなりましたが、玄関を含めた建物全体は依然として三階建てでした。

科警研の機構改革（＊19）を追ってみると、国家地方警察基本規定の一部改正にともなって一九五二（昭和二七）年九月一日に鑑識課の附属から刑事部の付属となり、一九五四（昭和二九）年七月一日の警察法（昭二九、法律第一六二号）の改正で警察庁の付属機関となっていますが、このとき文書鑑定課と光学課および資料課が新設され、写真課は廃止されています。

ここに至って文書鑑定はようやく科警研の一員に名を連ねたわけですが、この時期には新警察法の制定によって警察の組織は、国の機関の警察庁と地方自治体の機関の都道府県警察とに分かれています。

一九五九（昭和三四）年四月一日には、機構改革によって研究所の名称が『科学警察研究所』となり、総務部、科学捜査部、防犯少年部、交通部の四部となっています。名称は、当初「警察科学研究所」との案でしたが、同じ名称の民間企業（現ピー・エスインダストリー）が存在していたことから「警察」と「科学」を入れ替えて「科学警察」としています。

一九七〇（昭和四五）年四月、科学捜査部は法科学第一部と法科学第二部に改組され、文書研究室は第一部に属していましたが、その後の研究所には一九七一（昭和四六）年四月に付属鑑定所が設置され、一九八三（昭和五八）年四月には法科学研修所（付属ではない）が開設されています。

手狭になった研究所の移転はかなり以前から検討されていて、一九八八（昭和六三）年七月一九日には移転対象行政機関として閣議決定がなされています。

一九八九（平成元）年八月二四日「国の機関等移転推進連絡会」は府中の米軍跡地を移転候補に挙げましたが、同地はすでに警察大学校と警視庁警察学校の移転先とされていて、敷地面積が不足でした。このことから、次の候補地として挙げられたのが米軍の大和空軍施設と米軍の柏通信所跡地でしたが、結果的には柏が選ばれています。

一九九三（平成五）年一二月八日、大蔵省関東財務局長の諮問機関である「国有財産関東地方審議会」において、柏の葉に科学警察研究所と国内非常用通信施設（研究所の屋上に巨大なパラボナアンテナがある）の移転が答申されて移転が決まっています。

科警研は一九九九（平成一一）年一月から二月にかけて千葉県柏市柏の葉への移転を終え、同年四月から通常の業務を開始しましたが、同年二月一一日には天皇、皇后両陛下（現上皇ご夫妻）のご臨席を仰いで創立五〇周年の記念式典を行っています。

二〇〇三（平成一五）年四月には機構改革があって、法科学第一部、法科学第二部、法科学第三部、法科学第四部、犯罪行動研究部、交通部、附属鑑定所、法科学研修所などに改組され、文書研究室は「法科学第四部情報科学第二研究室」となって現在に至っています。

研究所長は一九四八（昭和二三）年から一九六〇（昭和三五）年までは警察官の警視長または警視監で、武藤文雄（事務取扱）、荻野隆司、中川薫治（警察庁兼務）、小野裕ほかでしたが、一九六〇（昭和三五）年の古畑種基所長以降は、井関尚栄、矢田昭一などの大学教授が警察庁技官となって所長を務めています。

Ⅷ　文書鑑定課の変遷

一九五九（昭和三四）年の課・室制度の改革によって文書鑑定課は文書研究室となりましたが、ここでの研究成果は全国鑑識技官会議の研究発表会をはじめ日本鑑識科学技術学会（現日本法科学技術学会）、日本犯罪学会、日本鑑識学会（ＩＡＩ・Ｊａｐａｎ）、日本応用心理学会、日本教育心理学会、計量国語学会、日本印刷学会、日本写真学会などに口頭または論文やノートとして報告されています。

科警研は研究や鑑定のみでなく、地方警察の技術職員の指導にも力を注いでいて、一九五〇（昭和二五）年一月一〇日に第一回講習生を受け入れて以来、一九八三（昭和五八）年に法科学研修所が開設されるまでに全国の文書鑑定担当者一三一名が三ヶ月にわたる文書鑑定全般の講習、あるいは一ヶ月単位の専門分野の研修を受講しています。

一九五〇年代の中ごろまでは文書鑑定担当者が不在の県があったことから、捜査の現場が必要とする文書鑑定はすべて国警本部の科捜研に嘱託されていました。その上、科捜研には、入国管理局や入国管理事務所からの不正入国外国人のパスポート、郵政監察局からは貯金の不正払い戻しや通帳の貯金金額の改ざん、国税局や税務署からは交付した文書の改ざんなどの鑑定依頼が相次いでおり、これらのことがあって、室長や主任研究官は、郵政監察局や財務省、陸上自衛隊の警務隊などに文書鑑定研修の講師として招かれています。

一九五八（昭和三三）年八月、府県警察からの鑑定嘱託を解消する目的で担当者が不在の警察本部に文書鑑定担当者を配置することとし、文書鑑定の長期講習を実施していますが、ここには郵政監察官、海上保安庁の技官、陸上および海上自衛隊員なども参加しています。

また、ここでは文書鑑定の実務を統一する目的から、検査方法の体系化を図っています。

過去には技術職員の採用が容易でなかったですが、その後はそれらが解消され、現在では全国のすべての科捜研に文書鑑定科または係が置かれており、そこには数名から十数名の文書鑑定専従の技術職員が配置されています。

多様な鑑定に対応するため、文書鑑定の専門分野に関する研修も印刷物、不明文字、改ざん文書、偽造通貨、印字など部門別に行われ、府県の技術職員が専門分野の高度な講習を再度、再々度にわたって受講していますが、これらのほかにも、香港警察、台湾警察刑事課、韓国の国立科学捜査研究院、あるいはエチオピアやガーナなどの警察の技術職員が長期にわたってそれぞれ養成課程の研修を受講して帰国しています。

一九六三（昭和三八）年、文書研究室は鑑定の高度化を狙って、書字行動のバイオニクス的研究と標本筆跡の収集を実施し、合理的な鑑定を行うために、多くの筆跡標本や分析データを収録して検査の充実とデータの実用化を図っていますが、それらは現場における鑑定の実務で活用されています。

一九八三（昭和五八）年四月、三井修警察庁長官の提案で科警研内に法科学研修所が新設されました。同研修所は現在、柏市柏の葉の科警研の敷地内にあって、研修課程も養成科、現任科、専攻科、研究科、管理科に分かれており、府県の科捜研の新規配置職員の養成から技術・鑑定管理の習得に至るまでの研修を行っています。

また、養成科の鑑定実務には、地方警察本部科捜研のベテラン技師が講師として招かれています。

Ⅸ　私的鑑定人の誤った認識

私的鑑定人のインターネットでの説明には、「科学捜査研究所（略して科捜研、県警に所属）、科学警察研究所（略して科警研、警視庁に所属）」と記されています。

「科学警察研究所」は警察庁の附属機関で、国の機関であって、職員はすべて国家公務員であり、一方の「科学捜査研究所」は都道府県、すなわち地方自治体の附属機関であって職員は地方公務員です。

首都警察の警視庁も後者であるから、職員は地方自治体である東京都の職員で、『科警研』と『科捜研』は全く違う組織、機関です。

さらに、都道府県警察の科捜研は刑事部に属していて捜査のための鑑定を扱っていますが、警察庁の科警研は法科学部のほかに犯罪行動科学部や交通科学部を含む研究機関で、鑑定業務は法科学部の一部と附属鑑定所が行っているに過ぎません。

先の鑑定人は著書（＊6）のなかで「科学警察研究所は検察庁に所属する中央機関」ともしており、さらに同書では科警研は科捜研に属する警察官を指導しているとし、鑑定担当職員やそのOBをとらえて、「警察官鑑定人又は元警察官鑑定人」として、全く誤ったことを述べています。

文書鑑定に限らず警察機関で鑑定を担当している職員はいずれも研究職または技術職であって、警察官はおりません。ちなみに警察官とは、警察法で定める公安職の警察職員のことで、皇宮警察の公安職の皇宮警察官のみ皇宮護衛官と呼ばれています。

前述の私的鑑定人とは別に、筆跡鑑定人を名乗る大学教授はその著書（＊20）で
「各都道府県の警察には、科学捜査研究所という科学的な実験によって捜査資料を解析する専門の機関があって、＝中略＝千葉県柏市にはその本部である科学警察研究所があり、日本鑑識科学技術学会誌を刊行して、全国規模の学会組織と同等に研究成果の報告と協議が重ねられている。ただし、捜査力の実態と機密性に関することなのでその内容が世上に出されることはない」

などとしています。

科警研と科捜研はそれぞれが独立した機関で、前者は国の機関、後者は地方自治体の機関であるのは前述のとおりで、本部・支部の関係ではありません。

また、「日本鑑識科学技術学会誌（現日本法科学技術学会誌）」は旧日本鑑識科学技術学会（現日本法科学技術学会）の発行で、国際標準逐次刊行物番号ＩＳＳＮ１８８０-１３２３の学術雑誌であり、科警研発行の「科学警察研究所報告法科学編（旧科学と捜査）」は同じくＩＳＳＮ０２８５-７９６０の学術雑誌であって、どち

らも広く一般に開示されており、国立国会図書館での検索や閲覧、あるいは遠隔複写サービスでの閲覧やコピーが可能で、誰もが容易に見ることができるものです。さらに日本法科学技術学会の会員には大学や企業の研究者が大勢いて、総会や部門別研究発表会は一般の会場（ホテルほか）で開催されています。

鑑定人を自称する前記の私的鑑定人らは誤った内容を公の場に示していることから、この誤認識は思い違いでは済まされないでしょう。

特に「警察官鑑定人または元警察官鑑定人」や「科警研と科捜研を本部と支部」にする扱い、あるいは「内容が世上に出されることはない」などは私的鑑定人や鑑定人を名乗る大学教授の自己認識に過ぎないものといえるでしょう。

誤った認識を持った私的鑑定人には別の問題もあります。

今日では自称鑑定人がわれもわれもと軒を並べていますが、昨今では「一文字でも恒常性があるといえる」や「筆脈」は私が作成した独自の造語など常識外れの発言もなされています。この鑑定人は「恒常性」の意味をどのようにとらえているのでしょうか。「筆脈」の語にいたってはすでに「書写・書道用語辞典」（＊21）で解説がなされているところです。

ほかにも、筆圧は○グラムや筆速が速い・遅いなど、紙に書かれた文書からは検査が不可能なことを鑑定書に示している私的鑑定人も一人や二人ではありません。これらはどれも事実に基づかないものであって、書かれた筆跡から得られるものではないから、この種の鑑定は虚偽の鑑定ということになりましょう。

近年では、われもわれもと先を争うように自称文書鑑定人（法が定めた宣誓を行っていない鑑定人）が増え、売り込みが激しいようで、今日では、前後を考えずに過ちを犯している私的鑑定人が少なくありませんが、このような鑑定人の存在は鑑定を申し立てる側にとって、はなはだ迷惑なことでしょう。

誤った発言をしている鑑定人には、反省を促したいところです。

第二章

筆者識別

Ⅰ　初期の筆跡鑑定

警察における筆跡鑑定は金澤重威が欧米出張から帰国後に、警察書記の高村巌を助手として研究に手を付けたときに始まっていますが、高村は、研究を始めてから七年余り後の一九三五（昭和一〇）年になって「ようやく手蹟鑑定法の一端を開拓することができた」（＊14）といっています。

金澤と高村の研究は筆者識別の根源といえるでしょうが、今日のように、基礎的なデータには全く触れておらず、もっぱら目視による官能検査で一致点と相違点を指摘していたに過ぎません。

高村は一九三五（昭和一〇）年、東京区裁判所の佐伯判事から命ぜられた筆跡と不明文字の鑑定が最初であったといいますから（＊14）、そのころになってようやく筆跡鑑定が警察部内に登場したといえるでしょう。

1　極東国際軍事裁判（東京裁判）の筆跡鑑定

高村の鑑定には極東国際軍事裁判（東京裁判）での元満州国皇帝愛新覚羅溥儀が、

陸軍大臣南次郎大将に遣わした親書の鑑定があります。

この鑑定は溥儀が一九四六（昭和二一）年八月二一日の法廷で「自分は日本側に強制されて皇位についたもので決して自由意思からではない」と証言していたことから、ウエッブ裁判長が「書簡の原本があるなら證人に示して真偽を立證せしむるべきである」といったことに始まっています。

親書は漢文で書かれていましたが、内容は

「今次満州事変に對する國民政府の處置は妥當を缺き友邦と戦いを開き民衆を苦しめているのは余の苦しむところである。茲に皇室家庭教授遠山猛雄を日本に派遣して現陸軍大臣南大将を慰問せしめ余の意中を傳える。我が朝（清朝）は民衆の苦しみを見るに忍びず民国元年の革命により政権を漢族に渡しすでに二十年を経過したが、現実は我が朝の意圖に反している。東京を強固ならしむるには日支両国が提携しなければ完全に責任を果たし得ない。前途の障碍を徹底的に解決しなければ禍根を残し晏如たり得ず共産軍が横行して災難は盡きない。この點に関し余は日夜心配している。時局多端の折から勉励を望む。辛未（著者註：昭和六年）九月一日」

だといいます。

親書がニセモノか皇帝の偽証かを確かめるための鑑定命令があって、一九四六（昭和二一）年八月二九日、高村はソビエト大使館に抑留中の溥儀に高村が求める文字を書かせています。

大部分の裁判官が外国人であったために「イトヘン」とは何か、「第三画は何れか」を説明しなければならなかったことから、鑑定書の作成に五ヶ月を要したといいますが結論は「同一人により書されたるものと認む」とされています。

2 清水事件の誤鑑定

第二次世界大戦後の筆跡鑑定には、俗に清水事件といわれる筆跡の誤鑑定がありま す。

同じ鑑定資料を使った四人の鑑定人がいずれも鑑定結果を「同一人の筆跡」としていましたが、これは誤りで、保釈中の乙川容疑者が自ら真犯人を突きとめており、乙川氏自身は再審裁判で無罪を勝ち得た事件です。

この誤鑑定は長い間、多くの弁護士から「筆跡鑑定は信頼できない」とされ、法廷の内外での反論にしばしば利用されていました。

誤鑑定の原因はなにか！

著者は、法務総合研究所の検察官の協力を得て調べていますが、第一の疑問は、事実を知らないはずの乙川容疑者が取調官に「髙尾隆と書け」といわれただけで、行書で続け書きされている「髙尾隆」の文字が書けるだろうかでした。特に「髙」字は書写体の漢字で書かれています。

一九五九（昭和三四）年一一月四日の毎日新聞の連載記事「裁判」からこの事件のあらましを拾ってみましょう。

「一九四八（昭和二三）年二月六日午後九時三四分横浜駅発下り列車郵便車で静岡県清水郵便局に発送された小切手封入の書留郵便があて名人に配達されず、小切手額面七万九千四百九十一円が二月に静岡銀行清水支店から何者かによって引き出され＝中略＝手がかりは小切手の裏に書かれていた『清水市宮加三五五二、富士合板株式会社、髙尾隆』の筆跡と、そこに押してあった会社名の印鑑。＝中略＝捜査の結果、会社印は二月八日静岡市内吉田印店を訪れた若い男が注文し、＝中略＝同店の印鑑原簿にも『清水市宮加３５５２、富士合板株式会社、高尾隆』と署名しているのが分かった」と報じられています。

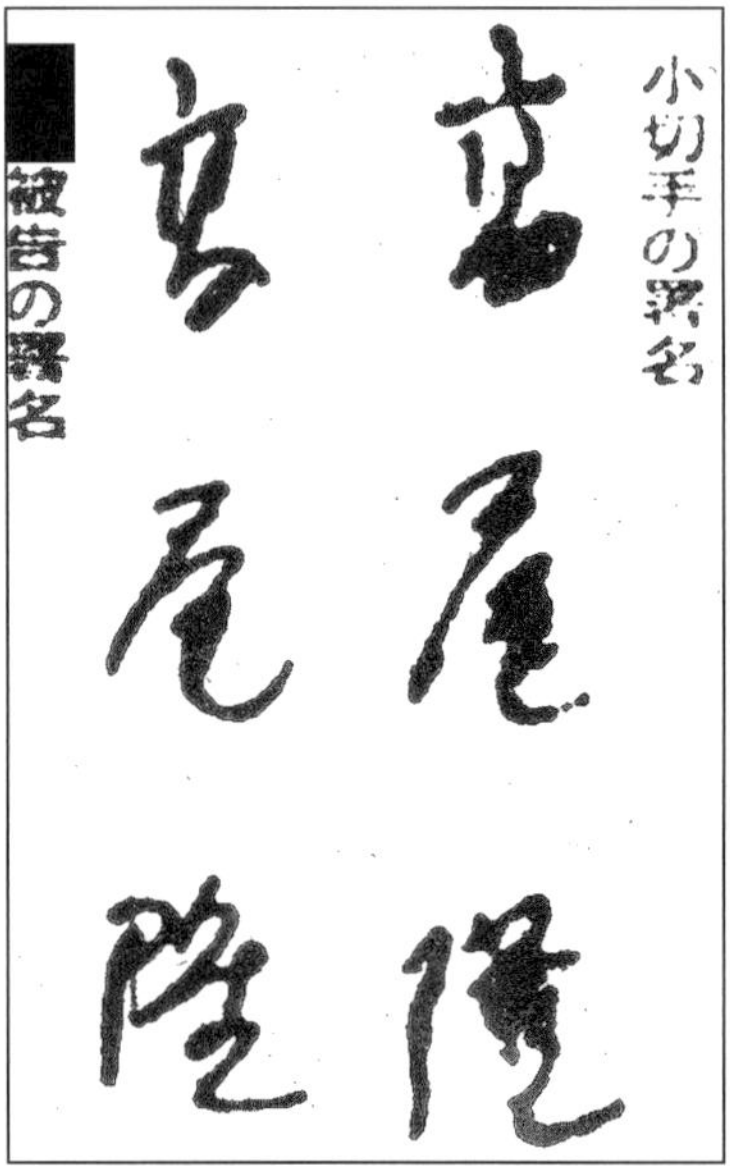

図3　昭和26年2月6日の毎日新聞に掲載されている
「高尾隆」字の写真
左は容疑者が取り調べ中に書いた筆跡、
右は盗まれた小切手の裏に書かれていた筆跡で、
「高」字は書写体でくずし書きされている

この事件では清水警察が乙川を容疑者として取り調べていましたが、そのとき名古屋逓信局の監察官は乙川に「清水市入江岡三ノ五髙尾隆」の文字を三回書かせています。

しかし、捜査当局が鑑定に使ったのは「髙尾隆」の一回の署名だけで、ほかの住所や署名は使っていません。ほかの住所や署名の筆跡を使わなかったのはなぜか！　これが第二の疑問です。

最初の鑑定は静岡県小笠郡の書家、中谷孝太郎が行っていますが、鑑定結果は「結構筆意形態よりみて同筆」です。

一九四八（昭和二三）年四月六日、弁護士の申し立てで静岡地裁は鑑定を東京地裁に嘱託していますが、同年五月二四日付け鑑定人遠藤恒義の鑑定結果には「同一人の記載に成れる筆跡と推定する」とあります。

一九五〇（昭和二五）年一一月八日、検察官からの申請で、東京高等裁判所第九刑事部は警視庁の町田欣一技師に再鑑定を命じましたが、同氏は「異なる人によって書かれたものの偶然の一致ではなく、同一人によって書かれたものと認めるに至ったものである」と回答しています。

一九五一（昭和二六）年一月一二日、弁護士から再度の申し立てがあって、東京高等裁判所は科捜研の高村巌に鑑定を命じましたが、鑑定結果は『「髙尾隆』なる筆蹟は何れもよく共通する個性の発露を各筆蹟の上に認められ、決定的な相違点を検出することができない。従ってこれ等の筆蹟は同筆と判定せざるを得ない」でした。

四人の鑑定がいずれも誤った同じ鑑定結果を示した原因はどこにあったのでしょう。ここで考えねばならない問題は二点あります。

第一点は、逓信局の監察係官が乙川から採取した筆跡は三回記載した「清水市入江岡三ノ五、髙尾隆」であるのに、鑑定に使ったのは「髙尾隆」の三文字の署名だけであることです。

第二点は、乙川が書いた「髙尾隆」の「髙」が書写体のくずし書きで、字形が小切手の筆跡と全く同じであることです。

筆跡の採取が行われた時点で乙川は小切手に書かれている文字など知らなかったはずですから、監察官が読み上げて書かせたのであれば、書写体の「髙」字やくずし方などをこれほど似せて書けなかったでしょう。

監察官が乙川に小切手の筆跡を見せて「この通りに書け」と指示した可能性が皆無ではないと考えられましょう。似ている筆跡が書かれるまで三回も書かせておきながら「髙尾隆」の三文字の署名だけを対照資料としたのであれば、この捜査には、はじめに結論ありきがあったのではないでしょうか。

3　白鳥事件の筆跡鑑定

一九五二（昭和二七）年、札幌の「餅よこせ事件」の上告審、一九六六（昭和四一）年二月二一日の最高裁判所第二小法廷（昭和四〇（あ）第二三八号脅迫被告事件）の決定要旨には、「いわゆる伝統的筆跡鑑定法は、多分に鑑定人の経験と感（勘）に頼るところがあり、ことの性質上、その証明力には自ら限界があるとしても、そのことから直ちにこの鑑定方法が非科学的で不合理であるということはできないのであって、筆跡鑑定におけるこれまでの経験の集積とその経験によって裏付けられた判断は、鑑定人の単なる主観にすぎないもの、といえないことはもちろんである」とあります。

この事件では北海道大学の教授がフランスのロカールの筆跡鑑定法を引用して、その結果を数理統計学的に扱った鑑定をしていますが、筆跡を直線的図形として扱っているなどの問題が指摘されたことから、同方法は後に続くものがないままで終わっています。

これに対し藤原藤一検事は（＊22）「鑑定資料からの筆跡個性の特定において個々の特徴の稀少性及び恒常性を検討すべきことは個性を抽出せんとする限り当然の要請なのであるが、問題は希少性及び恒常性の認定の客観性とその認定基準をどこに置くかということであろう。＝中略＝問題は、経験や勘に抱合されていたものをいかに科学的に分析し、客観し、理論化したうえで、その厳格性を高めてゆくかということである」と合理的な鑑定の在り方を示しています。

藤原検事のいう稀少性とは、多くの人から常用漢字の筆跡を集めて編集した《筆跡標本》の中にほとんど見当たらない字形の筆跡を指すものであり、恒常性とは一人の筆者が書いた同じ字体の筆跡に変動がなく、書き癖が同じであることをいいます。

4　陽の目を見なかった鑑定方法の提案

一九六〇（昭和三五）年、警視庁科学検査所の町田欣一技師は筆跡の異同比率検査法なるものを提唱しています（＊23）。

比較対照する筆跡から検出した同一特徴を分子とし、比較検査した特徴の総数を分母とする計算式を設けて、そこで算出した数値を「異同比率」と呼んでおり、異同比率が七〇％以上のときは同一筆跡、四五％以下のときは別異筆跡、四五～六〇％は異同不明としていました。

一見、客観性があるようにみえますが、算出の基準となる特徴の検出方法が合理的でなく、特徴と呼ぶ状態の検出が鑑定人の主観的な判断でしかないことと、鑑定基準の決め方が町田の独断に過ぎないことなどから、この方法も陽の目を見ずに終わっています。

今日でもこの方法を求める例がありますが、特徴の検出方法や独断的な異同比率は検討されねばならない問題といえるでしょう。

II　筆者識別の基礎

一九六八（昭和四十三）年、科警研の文書研究室は書字行動における筆圧と筆速の計測を試みて、文字を書くときの筆圧や筆速、筆記具が空間を移動する時間を含めた書字速度などの書字行動を明らかにしています（＊24）。

ランダムに選んだ男女一〇〇人の被験者が事務用ペン、万年筆、鉛筆などの異なる三種の筆記具を使って同じ文字を書いていますが、計測は〝筆圧・筆速測定機〟という機器を使って書字運動を測定したもので、紙面に書かれた筆跡を対象としたものではありません。

実験結果を見ると、万年筆のときの筆圧の平均は男性一四九グラム、女性一一八グラムですが、鉛筆のときの平均は男性二一八グラム、女性一三九グラムで、筆記具や性別による書字行動の違いを明らかにしており、それを筆者識別の基礎データの一つとしています。

一九七四（昭和四九）年、文書研究室は筆跡の希少性と個人内変動を検証する目的で全国的に選んだ二〇〜五〇歳代の一五〇人の男女から手書き文字（筆跡）を採取しています。

朝日・読売・毎日の各新聞の一面と社会面から出現頻度の高い漢字五〇〇字体を選んで漢字を活字で示しており、同じ文字の連続記載を避けることとして、一日一回の記載を六回繰り返しています（一回目の記載筆跡の返送後に二回目の採取用紙を送付する手順）。

半年がかりで採取した筆跡は字体ごとに分け、筆者別と記載順に一覧表として「筆跡標本」と名付けて印刷し、これを全国の科捜研に配布しています。

一九七七（昭和五二）年、科捜研は従来からの研究成果である多くのデータを鑑定の実務に取り入れる目的で、最初に希少性の判断をしていますが、そこでは統計の有意差検定における基準に準拠して二％以下＝非常に希少性あり、三〜五％＝希少性あり、六〜一〇％＝やや希少性あり、一一％以上＝希少性なしとして、この手順を科警研報告に開示しています（＊25）。

科警研をはじめ、都道府県の文書鑑定担当者は、この筆跡標本を実務で利用するとともに、研究材料としてさまざまな分析を試みていましたが、この筆跡標本を「モノサシ」と呼んで存在に反対している私的鑑定人がいました。

筆跡標本があるから筆跡の希少性や恒常性を合理的に検証できるのですが、これを「モノサシ」と呼ぶ鑑定人は希少性をどのようにして判断するのでしょう。「私は見たことがない」などの希少性の判断は今日の筆者識別では通用しません。

筆跡標本の分析結果には、字画の終筆を、はねる・とめる・はらうの運筆状態、点画と点状に書かれる字画の運筆状態と字画形態、部首の形態と構成、複数の字画の連続運筆の有無、字画の逆運筆の出現状況とその字体、字画の分割運筆と字画構成ほかなどがあって、多くのデータが表示されています。

筆跡標本は鑑定の実務に利用されていましたが、五〇〇字程度の字体は実務で満足できるものではありません。そのため、日本法文書鑑定研究会（科警研や科捜研の現役とOBで構成する研究組織）では、ランダムに選んだ全国の成人男女一五〇人から常用漢字表にあるすべての文字について、前回と同じ要領で一人当たり一〇回の記載で筆跡を採取し、これを「新筆跡標本」と呼んでいました。

しかし、筆跡標本や新筆跡標本の筆跡はどれもほぼ楷書で書かれていたことから、その後は、くずし書きやつづけ書きを可とする日常的な筆跡を新筆跡標本と同じ手続きで収集し、これには「自由手書き筆跡標本」と名付けています。

一九七六（昭和五一）年、警視庁の文書鑑定科は地域差を考慮して離島を含めて幅広く筆順の調査を行っていましたが、同じころ愛知県警犯罪科学研究所でも同様の調査を手がけていたことから、両者は共同で調査を進め、調査結果を科警研報告や計量国語学会に報告しています（＊26）。

調査は全国から無差別に選んだ成人男女一〇〇〇人を対象としたもので、調査で得た各文字のすべての筆順（原則筆順と原則外筆順）を字画の記載順に図化していますが、同図とともに調査で得た各筆順の出現率を示しており、さらにパソコンによる筆順検索システムを構築して鑑定での実用性を高めています。

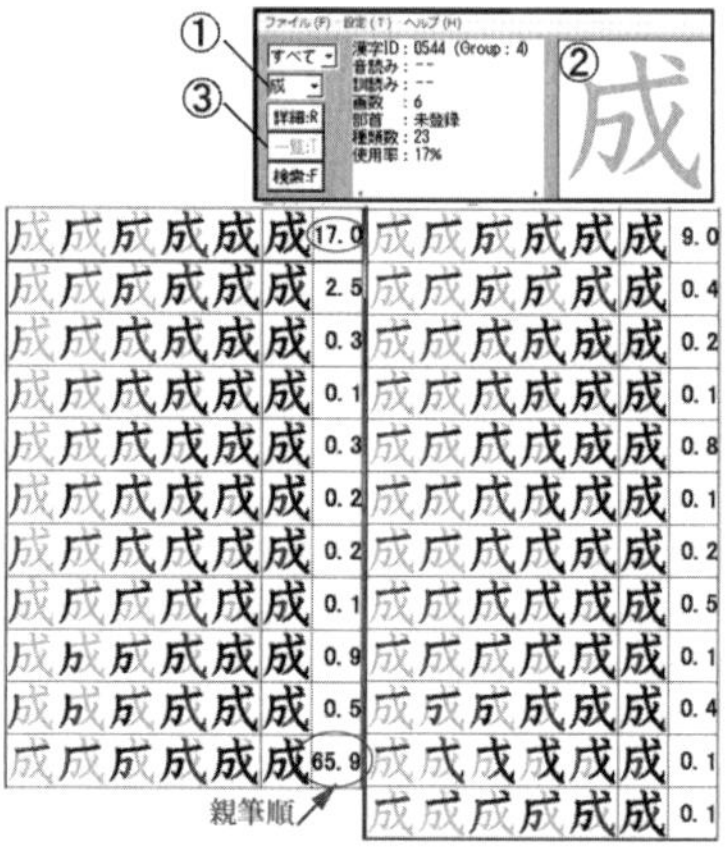

図4　パソコンで調べる筆順データの手順
①で求める文字を呼び出すと
②に求めた文字が示される、文字を確認後、
③の“一覧”をクリックすると、求めた文字の
筆順データとその出現率が表示される

第二章
筆者識別

筆順には世間にあまり知られていないルールの違いもあります。

「筆順指導の手びき」の原則八には《横画と左払い》というのがあって「横画が長く、左払いが短い字では、左払いをさきに書く」として『右有布希』字を例示しており、「横画が短かく、左払いが長い字では、横画をさきに書く」として『左友在存抜』字を例示していますが、この違いどおりに書いている人は希で、この違いが区別されていない筆跡が大部分です。

筆跡鑑定は手書き文字を扱っていることから、従来は「筆跡鑑定」と呼ばれていましたが、本来の目的は筆者の異同識別で、判例でもそのようにいわれていることから、今日の法文書（法科学技術学会が文書鑑定分野を示す語として命名した語）では、従来の筆跡鑑定を改めて「筆者識別」と呼んでいます。

筆者識別は、筆跡に恒常性と個人差および希少性があることを前提としていますから、筆者識別の実務で最初に行わねばならず、欠くことのできないものには筆跡の個人内変動の検証があります。

希少性の検証は筆跡標本で確認できますが、鑑定が扱う文書には恒常性を統計的に検証できるほど多くの同一字体の文字が書かれていません。

鑑定資料の中から恒常性を検証できないため、科警研が考えたのが筆跡の個人内変動の検証でした。

鑑定資料中に複数で書かれている同一字体の筆跡を使って変動の有無と変動の範囲を検証し、その結果を造語で筆跡の個人内変動と呼びましたが、「個人内変動」は人間のほかの行動にもあることを考慮して、ここでは頭に「筆跡の」を付けて他の個人内変動と区別しています。

従来は目視による官能検査で個人内変動を検討していたため、筆跡の検査における鑑定人の評価に差異がありましたが、今日では筆跡の解析を目的として構築したソフトウエアを利用して、パソコンの画面で筆跡の個人内変動が検証されています。

このソフトでの操作は、検体筆跡の大きさの規格化をはじめ検査のすべてがソフトによって自動的に行われるため、複数の鑑定人が同じ方法で個人内変動を検証することができ、その検証結果が同じになるメリットがあります。

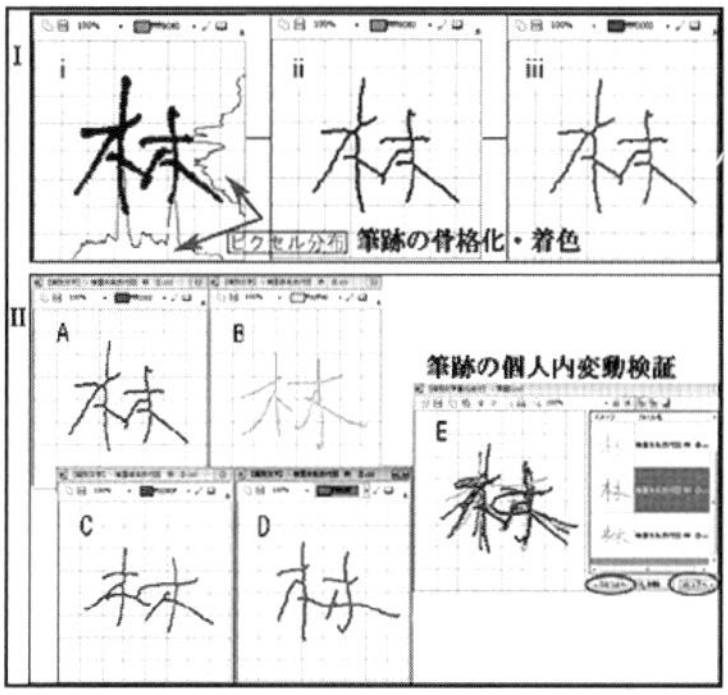

図5　筆跡の個人内変動を確かめるためのシステム
Ｉ-ｉで縦横のピクセル値から筆跡の重心を求めて
各検体筆跡の大きさを規格化し、
比較する各筆跡を細線化し、
ⅡのA ～Dのように色別とした後、
Eのように重ねると変動位置と大きさが示される

法文書では、文字全体やへんとつくり、あるいはかんむりとあしなどの部分についても各部分に外接する平行四辺形を専用のソフトウエアによって自動的に描画し、検証部分の大きさや位置、縦横の長さや縦横比、部分相互間の方向性と間隔、面積などを計測しており、それらの計測値を自動的に一覧表に示して比較しています。

ここでは「務」字のように分割する部分が多い文字（偏部の上下とつくり部の上下の四部分など）を部分ごとに計測することが可能であり、「森」字などは三部分の「木」についての位置関係やそれぞれの計測値を得ています。

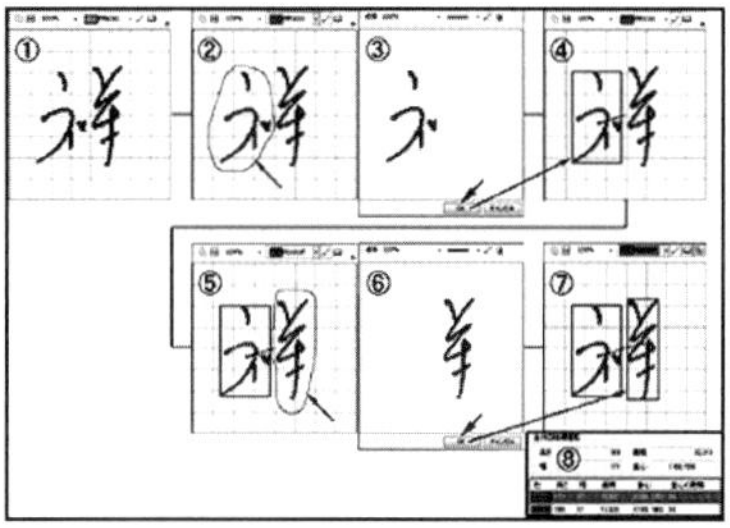

図6　一文字の構成を知るためのソフトウエア
②で“へん”をフリーハンドで囲み、
③でOKをクリックすると
④のように“へん”が平行四辺形で囲まれる
⑤⑥で“つくり”を“へん”と同じように囲んで
平行四辺形をもとめると、各四辺形の縦横、
面積、間隔や位置の違いが数値化されて
自動的に表示される（“へん”と“つくり”の
色を変えることが可能）

さらにこのシステムでは住所や氏名などの文字列を形成する筆跡相互間の配字の検査も、同じ手法で自動的に行える利点があります。

過去には、この種の検査は平面幾何図形を用いて目視的に行われていましたが、今日では専用ソフトを用いることによって、前述のように、複数の鑑定人が同じ方法で検査を実施することができ、その検証結果が同じになるメリットがあることから、パソコンを使用するこの種の検査は文書鑑定工学的検査と呼んでいます。

一九八六（昭和六一）年、警察庁刑事局企画課は、大型コンピュータで犯罪現場の遺留筆跡と警察が保有する大量の指紋原紙や手口原紙の筆跡から容疑者を絞り込むことを考え、筆跡活用システムの開発を保安電子通信技術協会（国家公安委員会の指定機関）に委託しています。同協会から依頼された科警研の文書研究室は、東京・九段にあったファコムハイタック社と共同で五年にわたる研究を続け、文字の計測点の設定、計測順序、字画の長さや角度を計測する計算システムを構築し、これをすべての漢字に当てはめた筆跡特徴値計測計算ハンドブック（＊27）を作成しています。

機器やシステムは、別に開発した筆者識別アルゴリズムを利用して「筆跡活用システム」を構築し、開発した装置を用いて対照筆跡の検索を試みましたが、結果としては、該当者を七人に絞り込めただけで筆者の個人識別には至りませんでした。

コンピュータによる筆者識別については、警視庁科捜研の倉内技師と中央大学理工学部の杉山教授の共同研究もあって、字画の長さや角度などを光学的読み取り装置でパターン認識し、ここで得た筆跡画像を細線化して比較する検査法を試みていますが、筆跡を形態的にとらえる方式には限界があって、字画に生ずるカスレやニジミ、終筆のはらいやはねなどの変化には対応できていません。さらに誤字の確認や書体の区別、作為筆跡の検出や筆順の判断、つづけ書きの影響などもあって、ここでもコンピュータによる筆者識別が困難なことを明らかにしています。

これらのことから現状では機器による筆者識別は無理と結論せざるを得ないでしょう。その後、曲線的字画の計測や多変量解析を軸とするさまざまな方法が試みられていますが、コンピュータによる筆者の自動識別はいまだに実現していません。

筆跡を扱った研究は一九四八（昭和二三）年からの昭和の年代だけをみても「科学と捜査」や「科学警察研究所報告」に一七九例の論文やノート、資料が掲載され、一九四九（昭和二四）年一〇月の第一回からの全国鑑識技術官会議研究発表会における口頭発表は五七八例に及んでいます。

一九九五（平成七）年設立の日本法科学技術学会においても毎年十数例の研究成果が警察以外の企業や大学から報告されていて、それらはいずれも法科学技術学会誌に掲載されています。

二〇一六（平成二八）年、高知と京都の科捜研は共同して、科警研報告をはじめ日本法科学技術学会誌や犯罪学雑誌ほか、多数の関連学会誌に掲載されている文書関係の研究報告をすべてコピーして文献資料を作成しています。

ここでは判例時報、判例タイムズ、ジュリスト、法律時報、研修、自由と正義、警察学論集、捜査研究などの法曹関係誌についても文書鑑定に関する記事のすべてを集録しており、JOURNAL OF FORENSIC SCIENCESをはじめ外国文献の記事も集録していて、それらの内容は文書鑑定の実務で活用されています。

筆者識別は従来、書体や字画の運筆状態、字画形態、字画構成、あるいは誤字、誤用、筆順や画線の特性などについての目視検査と拡大装置や実体顕微鏡を利用する検査を主な流れとしていましたが、近年では筆跡をパソコンに読み込んで、その画像による検査が主流となっています。

これは、パソコンでは画像の拡大、縮小、必要部分の切り出し、計測などが容易であり、多くの計量的検査法が開発されているからにほかなりません。

一方、筆者識別では、鑑定資料の原本についての目視検査を欠くことができないものもあります。

書体の区別、筆順の判別、誤字や誤用、異体字の検出などがそれで、例えば、筆順にはデータとその検索システムが構築され、誤字においては、複数の筆者に共通する誤字、個人内変動のある誤字、筆者に固定化している誤字、識字能力がない筆者の誤字などが系統的に分けられ、鑑定資料中から数十年にわたって採取した誤字のすべてが「誤字標本」として編集されており、のぎへんの第一画にみられるような字画の逆方向への運筆（逆運筆）や「医、区」のL状に折れる部分を縦画と横画を離して書く分割運筆のデータが用意されておりますが、これらの状態はいずれも原本の検体筆跡から目視によって得ねばならない状態といえます。

Ⅲ　筆者識別を取り巻く数々の話題

1　字形の基準

筆跡には個人内変動があるから、文書に書かれている同一字体の筆跡のすべてが全く同じということはありません。元国立国語研究所所長の林大教授は、筆跡には同一人が書いたものであっても「同一のものは二度と現れない」（＊28）としていますが、日本法文書鑑定研究会では、林教授がいう文字の基本的概念を重視し、文部省の学習指導要領に「漢字の指導においては、学年別漢字配当表に示す漢字の字体を標準とすること」（＊29）とある教科書体の字形を基準としています。

これは、学年別漢字配当表の漢字は、人が文字を覚えるときの基本とされていることであるのはいうまでもありません。

しかし、学年別漢字配当表には常用漢字や人名漢字のすべてが示されていないため、法文書研究会では〝学習指導要領参考フォント〟とされているＩ社の細教科書体漢字と、学年別漢字配当表の同一字体の文字の字形を比較検査した結果を踏まえて、

I社の漢字を文書鑑定のための基本字形としています。

ひらがなにおいては、文部省が認めた複数の小学校国語教科書相互間においてさえ、字形に差異があることが実験によって確かめられていることから、兵庫県警科捜研OBの小林邦久は測定基準を設けた幾何学的比較検査法を試み、これを「ひらがな字形検査」法と名付けていますが、法文書ではこの検査法を利用しています。

2　一部首一部首名への統一

漢字の部首は同じ部首であっても「JIS-X0208」をはじめ、「新部首配列法」、「一寸の巾式配列法」、「音訓別配列法」、「日本漢字能力検定」など、部首名を使用する各分野においてそれぞれ呼び名が異なっています。

例えば、「幅」のへんを「はばへん」や「きんべん」と呼び、「京」のかんむりを「なべぶた」や「けいさん」と呼ぶなどもありますから、鑑定人が異なると同じ部首が異なった名称で示されることになり、鑑定書を読む側に不便を与えかねません。

法文書研究会ではこのような不都合をなくし、同じ種類の部首を同じ名称で呼ぶこととして、へん・つくり・かんむり・あし・かまえ・たれ・にょうについて、それらの字形を図解し、部首の名称を「一部首一部首名称」に統一しており、これを検査の実務で用いることにしています。

3 「異名」に使われる「本名」の文字

人の名前には本名以外の呼び名があって、相撲の四股名や芸能人の芸名、作家のペンネームなどは職業上の名前といえますが、犯罪者が使う異名は人を欺くための悪玉であることから、俗に偽名と呼ばれています（警察では偽名は使わず異名を使う）。

一九八七（昭和六二）年、著者らは警察庁の指紋センターが保管している約八〇〇〇人の犯歴票から、異名を使っている七五〇人分を選出して、異名の調査を行っています（＊30）。

ここで本名が確認されている人物の異名をみると、一つの異名に本名と同じ文字を二字使っている例が最も多く、全体の二七・五％、本命の文字の一字を使用は一八・三％、三字を使用は一八・五％でした。なかには本名の文字をすべて使った異名もあって「山中富子」が「中山富美子」などの例もあります。

一方、異名のなかに本名の文字が使われていないものはというと二七・九％で、調査対象の三割程度には本名の文字が使われていません。また、名字に比べて名前に本名の文字が多く使われる傾向がありますが、その割合は名字の一・三倍でしかありません。

4 鑑定結果を「推定」とする理由

書字行動があって筆跡が書かれ、そこに筆跡の個人内変動があることからすると、「同一人の筆跡と推定する」や「筆者は異なると推定する」とするのが限度であって、「認める」とするのは鑑定結果表示の限界を超えたものとなります。

印影においても、朱肉の付着量や付着ムラ、宿肉、マージナルゾーン、着肉巣、押印圧の違いや傾斜押印などの押印変動があるから、ここでも、鑑定結果の表示は推定が限度となります。

しかし、ここでいう「推定」とは、「思われる」のような曖昧なものではなく、「同一人の筆跡、あるいは印影が同じと認定するのが最も合理的であり、これに反する認定は不合理である」ということで、結果が異なる場合も同様です。

元浦和地検検事正の清水勇男（現弁護士）は、その著書『捜査官』（＊31）でロッキー

ド事件の鑑定に触れ、例を挙げて「推定」の意味を分かりやすく説明しています。そこでは、

「この世の中に『絶対』というのは存在せず、あるのは『相対』だけだ。その相対の中で、限りなく絶対に近い相対と限りなく曖昧に近い相対があるに過ぎない」

としていますが、文書鑑定で使われる推定は、清水弁護士がいう「限りなく絶対に近い相対」ということになるでしょう。

指紋は終生不変で万人不同、血液型は個人に固定、元素には特性X線など、それぞれに不変なものがありますが、筆跡や印影にはそのようなものはなく、変動が付いて回ることは認識されねばなりません。

ただし、不明文字鑑定やフルカラーコピー、印刷物などにおいて自然科学的に得られる結果については、この限りではありません。

5　スマートフォンで異同識別

従来の携帯電話よりアプリに比重を移し、パソコンに近い機能を持たせたものをスマートフォンといい、それがさらに転訛して「スマホ」と呼ばれ、近年では多くの人

がスマホを持っていますが、スマホで撮影した画像を捜査の過程または鑑定で使用するのがスマホによる異同識別です。

例えば、スマホで撮影した画像をそのままスマホの画面で拡大することによって、筆写された直筆の筆跡と、そのコピー画像の相違を目視で識別することができ、その情報（画像）をスキャナープリンターでプリントすることや情報をパソコンに読み込んでさらに解析することも可能です。また、それらの情報は電波による非接触でスマホからパソコンに転送できる利点もあります。

スマホを手に持って検体を撮影するため、検体とスマホの面が平行にならないデメリットがありますから、ここで得た画像をスーパーインポーズなどで使用すること（大きさなどの比較）は不可能ですが、画像情報が得られることから、官庁や金融機関が持ち出しを禁じている文書などからの検体の取得には有効であり、状況によっては捜査官が現場で結果を得られるなどのメリットがあって、例えば、凹版印刷がある商品券や証券類のカラーコピーや偽造印刷したものなどは、その画像を撮影して拡大するだけで容易に真偽を識別することができる便利さがあります。

6　法務省が求めた「指紋に代わる署名の是非」

一九九一（平成三）年八月、法務省から「署名制度における同一人性確認システムについて」の検討を依頼されています。

在日韓国人の外国人登録証の指紋の押なつを二年以内に廃止するという、中曽根康弘総理と韓国大統領との覚書が交わされたのを契機に、法務省が外国人登録の際の指紋押なつ制度の廃止を検討していたことによるもので、署名による同一人性確認の精度、署名の経時的変動、署名による同一人性の識別方法、署名の安定的採取方法、偽造署名の排除、制度採用に当たっての留意点、などの六点がテーマとされていましたが、署名の採取用具と採取場所や採取方法、本人の自然筆跡の採取要領、署名の採取者と照合担当者の研修の問題も含めて回答しています（＊32）。

総理府ではこの件で法務、外務、自治、警察の事務次官級会議を開いていて、法務省は法的一貫性を守る立場から、すべての外国人への適用を考えていたといいますが、警察庁の治安維持対策の指摘があって、廃止適用範囲を在日三年以上の韓国、北朝鮮、台湾の永住者に限定していました。

法務省がいうように署名制度をすべての外国人に適用していたら、国によって違う文字を署名検査の現場で、どのように扱う考えだったのでしょう。

本件のテーマも役所の机の上での案で、それを扱う現場の実務のことは考えられていなかったようです。

筆跡は身近なものであるためか、犯罪捜査とは関係のない問題も持ち込まれていて、一部ではカラーコピーや感圧複写文字あるいはファクス文書などが原本の筆跡と同じと考えられ、目を離せない面が多々ありますが、私的鑑定人においてはそれらを無視している者がいることも事実です。

鑑定が可能なものと不可能なものには、はっきりと線引きすることが必要で、それは鑑定人のみでなく、鑑定を申し立てる側にもいえることです。

机の上での考えは現場の実務に即さないことがあるのは、すべての場で考えねばならないことといえるでしょう。

Ⅳ【筆者識別の鑑定例】

1 「竹下登」の念書の鑑定

筆跡の問題は政界にもありました。一九九二（平成四）年一一月二七日金曜日の夕刻、警察庁のOBと名乗る人からの電話で「自民党のものですが、竹下登先生の筆跡を至急鑑定していただきたいので今から伺います」といってきました。

新聞にあるといわれたので見ると、「田中角栄を守ることを諸君に約束する」と書かれた念書に「竹下登」の署名がある写真が載っていました。

電話の主が来ましたが、差し出されたのは新聞の切り抜きでしかありません。

原本は甲田参議院議員が持っているので、手許にあるのはこれだけだといいます。

対照資料は「私の目の前で竹下先生が書いたものです」といいますが、新聞の切り抜きでは鑑定になどなりません。

相手も知っていて「同じか違うかが分かればいいんです」ということでした。

対照資料には行書とくずし字の署名で、どちらも三回書かれています。警察庁のO

Bというだけあって、対照筆跡の採取には問題がありませんでしたが、これでは文字の形を比べるだけで、責任のある答えは出せませんといったら、「それで結構です。一応、目を通してください」といい、つづけて「重ね重ね恐縮ですが、月曜の国会に間に合うようにお願いします」とのことでした。

電話の主が帰るのを待って念書の印刷文字と竹下登先生が書いた筆跡を比べてみると、竹下登先生の署名は「竹」に対して「下」が極端に小さいのに、念書の「下」は「竹」より大きく書かれています。

配字を計測すると、「竹下登」の署名は文字間隔が広い配字ですが、念書は文字間隔が狭くて、文字列の配字間隔が違います。

竹下先生の筆跡は「田」が原則筆順ですが、念書の「田」は原則外筆順で筆順も違います。さらに、竹下先生の「角」は「土」部の横画が左右の縦画から離れて短く書かれているのに対し、念書の「土」部の第三画（下の横画）は左右の縦画の外にはみ出して極端に長く書かれています。

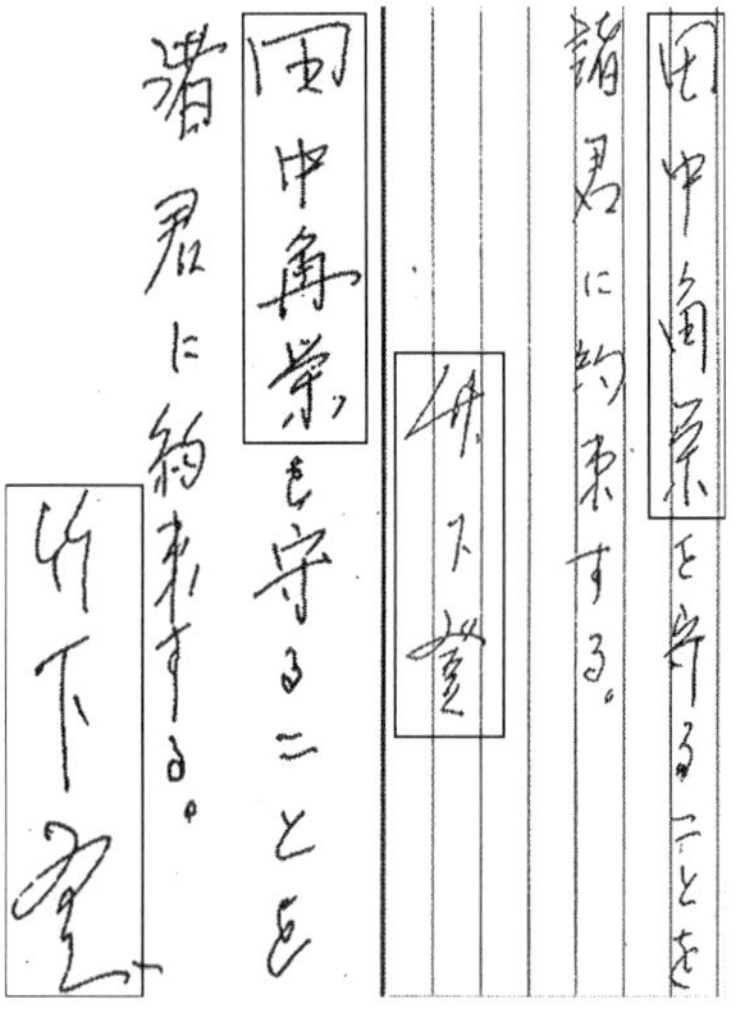
田中角栄を守ることを
諸君に約束する。
竹下登

田中角栄を守ることを
諸君に約束する。
竹下登

図7　国会で騒がれた竹下登氏の念書といわれる文書
右は問題の念書、左は竹下登氏が書いた対照筆跡

これだけ違えば筆者が異なるといえるでしょうが、新聞写真の文字が相手では決定的な結論は出せません。

結局、「竹下登先生の筆跡と念書の筆跡とは筆者が異なるとみて差し支えない」を答えとしました。

日曜日の夜、電話の主が結果を取りに来て、結果を見ましたが、「これで十分です」といって帰っていきました。どうやら使者の役目が果たせたようです。

翌、月曜日の朝刊を見たら、「『竹下念書を筆跡鑑定』の大見出しで、文書鑑定家吉田公一氏に鑑定を依頼する」とありました。このとき、結論はすでに自民党の手にあったはずです。

この一件、衆議院議員の一人が「自分が書いた」と名乗り出たそうです。

何とも人騒がせな党内事情に巻き込まれた、休日を含む三日間の筆者識別でしたが、軍配は竹下側に上がったのは間違いないでしょう。

2 「新教育勅語」の発見と筆者の確認

国立教育研究所の佐藤秀夫氏と名古屋大学の鈴木英一氏は、一九八〇（昭和五五）

年にスタンフォード大学フーバー研究所で、元GHQ CIE局員の文書の中から執筆者不明の「大東亜戦争後の教育に関して下し給える勅語」と題する教育勅語案を発見したそうですが、起草者を特定できる資料は見つからなかったそうです。

起草者は、元同志社大学文学部教授の故有賀鉄太郎であろうと推測されるので筆跡鑑定で識別してほしい、というのが文部省からの依頼です。

新教育勅語案は八一七文字からなるもので、美濃判の罫紙二枚に毛筆で縦書きされていましたが、この文書には「學」が二字書かれていて、一方は旧字体、他の一方は書写体でした。

対照する文書は有賀教授が学位を取得するために京都帝国大学に提出した履歴書で、こちらも毛筆で縦書きされていました。

どちらの文書にも筆跡の個人内変動がなく、字画形態や字画構成から筆者は同一人と判断しましたが、決め手となったのは用字方法でした。

新教育勅語案には旧字体の「學」と書写体の「斈」が書かれていますが、履歴書も「大學」は旧字体、「斈部」は書写体で同一文書内に書体が異なる旧字体と書写体が使われており、先に書かれた「學」は旧字体、後に書かれた「斈」は書写体で配字の傾向も同じです。

今では「朕惟フニ我カ皇祖皇宗……明治二十三年十月三十日御名御璽」の教育勅語を知る人は少ないでしょうが、第二次大戦後に戦後版の新教育勅語が考えられていたとは、歴史の一コマを見た鑑定といえるでしょう。

3　海上保安庁が捕えた中国漁民の筆跡

一九九八（平成一〇）年一〇月、第七管区保安本部下関海上保安署は中国漁船の乗員一三人を不法入国と難民認定法違反の容疑で勾留していました。

このとき押収した海図には二人の氏名が書かれていて、この名の人物が不法入国を手引きした犯人と考えられていましたが、一三人中の誰がこの氏名の主か分からないといいます。

容疑者から海図に書かれている「林仁祥」と「姜明章」の筆者を調べることにし、とりあえず全員の筆跡を採取することにしています。

筆跡の採取用紙を用意して、「林仁祥」と「姜明章」を印字し、この文字の筆跡を一人につき五回採取することにしましたが、用紙には「上写的名字是我写的（私が書いたもの)」、「記載人的名字(筆者本人の氏名)」欄を設けることにしています。採取した筆跡について個人内変動の有無を確かめてみると、漢字の国だけあって省略的なくずし書きが多くありましたが、海図や一三人が書いた「祥・姜・章」には日本の文字と筆順が違うものがあって、一三人の中にも筆順の違いがありました。

正しい筆順を知るため「現代漢語通用字筆順規範」を調べています。

この図書は中国の国家言語文字工作委員会と新聞出版署が七〇〇〇個の漢字を跟随式、筆画式、順号式の三形式に分けて決めたものですから、中国の文字の標準といえるでしょう。ここから始まった鑑定ですが、結論を得るのに時間はかかりませんでした。

筆順による選別、配字、くずし書き、つづけ書きと字画形態、字画構成の検査を進めましたが、筆者ごとに異なる独自の省略書きが多いのには驚きました。

ですがさすがに漢字の国、どれも書き方には個人内変動がありません。そのこともあってこの鑑定は思ったより早く終わっています。

このようなことがあるから、中国の現代漢語通用字筆順規範や台湾の常用國字標準字體筆順手冊、簡化字総表、繁体字字典、中国文化基本叢書などを準備しておかねばならないのが今日の文書鑑定です。

4　背伸びが過ぎた大学教授

その昔、弁護士の播磨龍城は「断定に重きを置きて理由を粗略にする」や「全く断定丈で、理由を欠如するのがある」としており、似たようなことは弁護士の大塚一男もいっていますが、これが守られずに背伸びをしている私的鑑定人は少なくありません。

土田國保警視庁警務部長（当時）邸に届けられた小包の中にあった爆弾が爆発して民子夫人がおなくなりになられた事件では、小包の荷札に書かれた筆跡が唯一の物的証拠でした。

同事件の主犯とされ容疑者の筆跡との鑑定を行うことになって、おひざ元の警視庁科学検査所文書鑑定科の係長が手を付けていましたが、荷札の筆跡は韜晦筆跡であって、一文字を縦画と横画に分け、それぞれの字画を二人の筆者が書いた可能性があったことから、この筆跡については筆者を識別することができないとしていました。

ところが、その後、東北地方の大学教授がこの事件の筆跡鑑定を行っていて、ここでは、荷札と容疑者の筆者は同一人であると結論しています。

この教授は一九八二（昭和五七）年の東京地方裁判所刑事部の公判でも、筆跡は同一と断定的に証言していましたが、反対側の尋問でその根拠を厳しく追及されて、「可能性がある」や「推理ではそうなる」などと、曖昧な発言を繰り返して自らの証言を後退させています。

鑑定に「推理」などがないのはいうまでもなく、とんでもない発言ですが、そのような鑑定人もいるといえるでしょう。

この教授は、警視庁の専門官が筆者識別ができないとした筆跡を、同一筆者の筆跡と断定していたのです。

「警視庁が駄目なら私が決めてみせよう」

があったのかもしれません。

龍城のいう「全く断定だけで、理由を欠如する」の典型といえるでしょう。

鑑定の結果が「推理」などとは、常識はずれのとんでもない話です。

第三章

印章鑑定

I　印章鑑定のはじまり

石井良助著の「はん」（＊33）には文武天皇の七〇一（大宝元）年に制定された大宝令には官印に関する規定があって、七〇四（慶雲元）年には諸国でハンが鋳造されていたとあります。

ハンはかなり古い時代からあったようで、「一八五八年の日米修好通商条約に、江戸幕府一四代将軍の徳川家茂の署名とともに押された幕府の公印『経文緯武』の印章が一五〇年ぶりに発見された」と新聞が報じています。

石井氏の著書には「印に関する犯罪には印判の偽造や偽造印判の行使又は他人の印判の濫用などが記されていますが、江戸時代にはこれらをすべて『謀判』の語をもって表現している」とあり、「一六六九（寛文九）年から一六八二（天和二）年までは謀判は流刑、一六八三（天和三）年には死刑、一六九五（元禄七）年から一七三九（元文四）年には獄門、一七四二（寛保二）年には引き廻しが加えられた」と記されています。

　昭和に入って金澤重威は、

「鑑定すべき印影はいずれも同一の率で拡大する。若し其の拡大率が相違して居れば、検査上大なる支障がある」

「同一印鑑で押捺した印影でも、其の都度印影は多少相違するものであるから、一見して相違するから之は同一印鑑を使用したものではないとすれば、印影鑑定と云うことは全然成立しない」

などとしていますから、今日と変わらぬ認識は昭和の初期に芽生えていたようです。

　金澤は「要するに印影の鑑定は写真術を利用するのが最も適切で且つ最も確実である」としており、その方法については「同率拡大を行って直径何寸という拡大印影を作成する。次に標準印影畫により規準型を書き、更にフィルム上に印畫したものを二枚作る」とした上で、「其の一枚を採って標準印影畫に重ね、一畫一畫を仔細に検査する。次に他の一枚を以て検体印影畫に、同様の検査を為すのである」として、現在のスーパーインポーズ法の前身ともいうべき方法を述べています。

ここには「印鑑の凸部で当然印影さるべき所に着肉がなく、却って其両側に宿肉があった為に……」なども記されていますが、「着肉がなく」は印顆の凸部が紙面に押し付けられたあとで、真の印影画線の部分であり、「両側に宿肉があった」は宿肉ではなく、マージナルゾーン（画線の縁にできるくまどり）ということになるでしょう。

金澤は拡大した印影について「両印影畫に之に共通する点を求め、之を基準として多数の縦線、横線、斜線及円を書き、以て相似畫を作り、此の相似畫によって両印影畫の各部位につき審査すれば、其の特徴の発見及共通点、或ひは相違点が発見せらるゝ」とし、「此の方法はその印影畫の上に作図して審査説明するから、訴訟関係者をして容易に其の判断の正確なるを知らしむる事が出来る」ともいっています。

これは現在の平面幾何図法の起源といえるでしょう。

さらに金澤は、文字の上に押された印影を写真のテクニックで取り出す方法を考案し、その手順を犯罪科学全集や科学写真便覧で細かく説明しており、筆跡と印影の捺印の前後判定についても、写真の応用による判別方法を示しています。

金澤のこれらの検査方法は、同氏が欧米での写真研修で得たテクニックの応用でしょうが、「印影はわが国独自のものなのでその苦労は並大抵でなかった」とも述べています。

東京大学法医学教授の浅田一は、「偽筆、偽印の鑑定は医業からはかけ離れた物であるが、基礎医学的知見を以てせば何でもない」とした上で、「印影はごく小さなものであるから、それが眞印であるか偽印であるかの鑑別はきわめて困難なことである。これを鑑定するには、その印影を五十倍、或いは百倍《著者注：法医学者であるので、顕微鏡的に面積倍率で示したものであろう》、若しくはそれ以上に引き伸ばして、同大に引き伸ばした眞印の印影の写真と対照し、特徴部の異同を調査して鑑識するのである。印影の鑑定方法には種々あるがいずれの方法もまず印影を写真に撮り、これを大きく引き伸ばして比較対照することに変わりはないのである」とされており、さらに「偽印の鑑定ではやはり拡大写真を撮って同心円及之の中心を通過する種々の角度の線の通過する点につき比較すればよい。然し印材が石か木かゴムかにより、又紙の厚さ、捺印する時の土台の如何、指の腹などで捺す時などで随分歪むこともあり、印肉のつき方で不明になることもあることを考慮に入れてかゝらねばならぬ。印鑑さえあれば偽印の観破は決して難事でない」とも述べています。

浅田の言は押印変動に関する見解のようですが、金澤の着肉や宿肉に対する見識と併せて考えると、昭和の初期にこのようなことが考慮されていたにもかかわらず、今日でもそれらを無視して、「印影は筆跡と違ってピッタリ一致する」といい、押印ずれを指して「印影は異なる」と結論している私的鑑定人がいるのにはあきれるほかはありません。

この鑑定人はインターネットでも「鑑定資料としては印影原本に次いでカラーコピーの信頼性が高い」としていますが、これなどは本人がデジタルフルカラーコピーの画像形成を知らないことを、自らが明らかにしていることといえるでしょう。

外観的には同じように見えても、押印印影とカラーコピーの印影画像は全く違いますから、自称鑑定人らの発言は素人的で、鑑定人としての資質が問われねばなりません。

金澤や浅田がいうように印影には押印変動があるから、『ピッタリ一致』などはなく、印顆の印面と紙面との着脱時に起こる押印ずれなどはしばしば見られることです。

カラーコピーはその画像形成からみても、当然、印章鑑定の対象にできないことは鑑定人が認識しなければなりませんが、今日なお一部の私的鑑定人によってカラーコピーを用いて誤った鑑定が行われているのは事実で、このような鑑定は鑑定を申し立てた人を裏切っていることになるでしょう。

II　大量生産されている三文判

一九六五（昭和四〇）年以降は大量に生産された同形印顆（俗にいう三文判）が文房具店や売店の店頭で印鑑タワーに並べて売られているのは多くの方がご存じでしょう。

従来、ハンは彫刻技術のある印章店の主人が印材面に鏡文字（左右が逆の文字）を描いて彫刻刀で手彫りをしていましたが、一九六二（昭和三七）年に大阪の内外精機社が光電式印章自動彫刻機（現ロボット彫刻機の前身）を開発したことから、印顆の製法が大きく変わっています。

透明または半透明のフィルムに描いた文字を透過光で渦巻き状に走査し、そこで得た電気信号を彫刻部で高速回転する錐に送って印面を彫るのが光電式自動彫刻機で、彫刻技術を必要としないことから、これが印章店に普及して、今日では注文印でさえこの彫刻機で作られているようです。

このようなことから、科警研ではすべての機械彫刻印についてその製作方法を調査しており、それらの方法を報告しています（＊34）。

機械彫刻のなかで手彫りに最も近いものにはペンシル型彫刻機があります。山梨県下部町の歯科医師からヒントを得た六郷町の印刻業河西正方が、歯科用研磨機を改良してこの彫刻機を開発したのだそうです（＊35）。

従来と同じように印材面に鏡文字を描きますが、彫刻は手で持って扱う棒状の彫刻機の先端で高速回転する錐によって行われていて、彫刻機をペンのように指先に挟んで彫刻することからこの名が付いたといわれます。

山梨県の岩間では、外交員が印章店を廻って受注してきた印や印章店が直接外注した印顆の彫刻に多用されていましたが、彫刻を行っている人の多くは近所のオカミサンたちでした。

三文判の大量生産に使う彫刻機にはパンタグラフ彫刻機と呼ばれているものもあります。

印面の鏡文字を拡大して印面と同じように凹凸に彫った木製母型を使って、文字以外の部分を手動で触針走査し、パンタグラフで触針走査の動きを印面の大きさに縮小して高速回転する錐に伝え、錐に印面を押し当てて彫刻を行うのがそれで、一度に十数本の同形印顆の彫刻が可能であり、一度の操作で一〇〇本近い三文判（同形印顆）を彫刻する大型機もありますから、ここでは数分のうちに一〇〇本近い同形印顆が作られることになります。

既成印顆の製法にはプラスチック印顆の成型もあります。

プラモデルのパーツと同じように加熱によってアメ状にしたプラスチックを、印面と軸部を組み合わせた金型に圧力で押し込んで印顆を作る方法で、印面と軸部が同時に作られることから、科警研ではこれを「一体成型印」と名付けています。

山梨県の六郷町では水晶などの鉱物質の印顆も機械で加工しています。

水晶や瑪瑙などの印材面にゴムの被膜を作り、その面に鏡文字を描いた後、文字以外の部分の膜を切り取って印材面を露出させ、ここに噴射機でカーボランダムを強圧力で吹き付け、噴射の圧力で印面を彫るのがその方法です。

最近ではチタン粉末を型に詰め、放電加工で印顆を作るチタン印顆もありますが、これは注文印のみで、大量生産印ではありません。

一九八四（昭和五九）年著者は株式会社ファコムハイタックの協力を得て、大量生産された各種の同形印顆の印面の同一性を検討しています。

製作方法が異なる各種の印顆を三〇本ずつ用意し、日立製作所中央研究所が開発した印影自動照合機で印面の照合を試み、同じ方法で作られた同形印顆の印面相互間の照合率を確かめたのがそれです。

ここでの照合率の最大は九三・九％でしたが、最小は七六・五％でした。

したがって、照合率が九〇％台の印顆で押された印影では、朱肉のつき方によって異同識別が困難になるものと考えられます。

大量生産印は加工後の印面を紙ヤスリで研磨していたため、手作業で生ずるヤスリ目の痕跡が印顆に固有の特徴となっていて、それが印影からの印顆の異同識別を可能としていましたが、近年の三文判は印面に朱や黒の塗料が塗られていますから、今日では印影からの印顆の異同識別は特殊な場合（印面のキズなど）を除いては不可能となっています。

一九八四（昭和五九）年に著者は名古屋のシヤチハタ社を訪れてインク内蔵印（商品名：シヤチハタスタンパー）の製造工程を視察し、インク内蔵印の検査方法を検討しています。

インク内蔵印は食塩を混入した生ゴムを素材として、数個の印面を並べて板状に成型した後、これを温湯に浸して食塩を溶かし、溶けた食塩のあとに生じた微細な孔を軸部に内蔵してあるインクの通路としていますが、食塩は任意に混入されたものであるため、印面に生ずる微小の孔は印面ごとに異なっています。

したがって、この微細な孔が印面の固有特徴となって、印影からインク内蔵印であることが確認されていますが、個々の印面に生じている孔には位置の違いがありますので、これがインク内蔵印影の異同識別に役立っています。

インク内蔵印はスタンプの一種であることから、印鑑登録はできません。

III　適性を欠く現代の印鑑登録証明書

印章鑑定に大きな影響を与えているものに印鑑登録証明があります。

一九七〇（昭和四五）年代の中頃までは実印を持参した人が、証明文言が印刷されている証明書用紙に印影を押して役場の窓口に提出すると、それを役場の担当者が登録されている印鑑と照合して印鑑登録証明書を交付するという直接証明方式の印鑑登録証明が行われていました。

一九七〇（昭和四五）年の後半からは、事務の能率化によって事務用複写機が印鑑登録証明に使われており、登録されている印鑑が間接式電子写真で複写され、現在では、それが間接証明方式の印鑑登録証明書として交付されています。

印章鑑定に影響を与えたのはこの間接証明方式の印鑑登録証明書で、複写機の光学系を介して複写され、微細な粉末トナーの集合で形成された印影画像は形状や精度が朱肉で押印した印影と大きく異なることになります。

印鑑登録証明業務のシステム化にともなって、役所の出先機関では、市区町村役場の本庁から電送された印鑑登録証明書のコピーが交付されています。

今日では自動交付機の登場で、コンビニエンスストアでも証明書の交付を受けられますが、間接証明の印鑑登録証明書の印影画像はその再現精度が鑑定資料としての適性を大きく欠いていることから、法文書では印鑑登録証明書を印章鑑定の対象から排除していて、今日の印鑑登録証明書を用いた印章鑑定は行っておりません。

立川市や大分市では、自動交付機から交付された印鑑登録証明書の印影画像が、実印に比べて〇・五～一・〇ミリ程小さいことが交付を受けた人に指摘されたこともあって、改修によって画像の大きさを簡単に変えた事実などもあることから、法文書では、印鑑登録証明書の印影画像の大きさや形状は信頼できないものとしています。

このことは法曹界においても同じで、「印鑑登録証明書の複写した印影は、真正印影としての扱いが困難である」との声があるといわれているそうです。

著者ら数人は、印鑑登録証明書の印影画像の再現精度に関して照合実験を行っており、そこでの結果を犯罪学雑誌に報告しています（＊36）。

この実験では朱肉を用いて押印した印影と印鑑登録証明書の印影画像との照合率

は、最大で七七・九八％、最小は六八・七五％でした。

一方、同一自治体の複数の出先機関が交付した印鑑登録証明書と、本庁交付の印鑑登録証明書相互間の印影画像の照合率をみると、最大が八七・〇三％、最小は七三・五二％であって、同一場所で同時に交付された複数の同一印鑑の印鑑登録証明書であっても、照合率が異なることが確かめられています。

さらに、自動交付機から交付された印鑑登録証明書の印影画像にはジャギー（画線の縁に生じた階段状のギザギザ）を生じているものもあることから、法文書分野では、今日の印鑑登録証明書は印章鑑定の対象にしておりません。

これに反し、私的鑑定人の中には、カラーコピーの印影画像を鑑定の対象とした上で、

「現在の世の中で印鑑証明書の印影はコピーであり、司法関係、法務局関係等もそれで動いている事実はどのように説明するのか」

としている鑑定人もいますが、これなどは事務上の手続きで扱う印影と鑑定で扱う印影を同じ次元で扱った大きな誤りといえるでしょう。

Ⅳ　印章鑑定法

1　印影の拡大手順

印影の多くは直径または一辺の長さが十数ミリメートル前後であるから、検査は印影を拡大して行いますが、ここでの拡大は比較対照するすべての印影が全く同じ条件で撮影されたものでなければならず、撮影過程においては、ピント合わせによって生ずる被写体距離と像面距離の変動は許されません。

法文書分野の印章鑑定では撮影条件を厳しく設けていて、撮影には特別に構築した文書鑑定用マルチフォトスタンドを使っていますが、次の条件が守られないと同一倍率の拡大が不可能ということになります。

①　印影（被写体）・撮影レンズの主焦点・像面（受像面）のほぼ中央が光学系の同一光軸上にあること

②　印影面・撮影レンズ・像面の三者が平行であり、且つ、光軸と直角に交わっていること

③　被写体距離（印影とレンズ）と像面距離（レンズと受像面）が常に固定されていること

印章鑑定では対照資料として印顆が提出される例もあります。

これは印章鑑定における最良の条件といえますが、通常は提出された印顆を用いて押印した印影を対照資料とする間接的な方法で検査が行われています。

しかしながら、今日では印影と印面を直接照合する検査法が開発されていて、印影と印顆の印面を同じ倍率で撮影する専用装置（＊37）も開発されています。

印顆の印面を用いる直接検査では、対照用に押印した印影を用いる間接的な検査で押印した印影に生ずるノイズがないことから、精度の高い鑑定が行えるメリットがありますが、印顆の文字は鏡文字ですから、撮影後の印面画像は左右を反転して、方向性を印影と同じにすることが必要です。

2　印影の比較検査法

一九八四（昭和五九）年、科警研はＮＥＣ－ＰＣ98のパソコンにフォトロン社のイメージメモリーボードＦＤＭ98－4の画像処理基盤を増設してスーパーインポーズ用のソフトウエアを構築していましたが、パソコンの機能が向上して一般に普及し、画像処理が可能な汎用ソフトのAdobe Photoshopが登場したことから、今日の印章鑑定は大部分がパソコンで行われ、検査法が多彩となっています。

ア　スーパーインポーズ法

一九六〇（昭和三五）年、小西六写真工業社は光分解するジアゾ化合物とカップリング成分を塗布したジアゾ写真フィルムを「カラーホイル」と呼んで売り出しましたが、一時期、このフィルムを利用した印影のスーパーインポーズが行われています。

この方法では、

① 拡大撮影したそれぞれの印影をポジ画像とし、各ポジフィルムをジアゾフィルムと密着して紫外線で露光する

② 紫外線が当たった部分のジアゾ化合物が分解し、非露光部（画像部）に残ったジアゾ化合物によって潜像が生成される

③ 露光したフィルムを現像タンクに入れ、アンモニアガス現像を行うと、潜像部分にジアゾ染料が生成して印影の発色画像が得られる

④　比較する印影の一方をマゼンタ発色のジアゾフィルム、他の一方をシアン発色のジアゾフィルムにプリントして両者をスーパーインポーズする

となりますが、画像の解像度が優れていたことから、この方法はパソコンが登場するまでの長い間、印章鑑定に使われていました。

スーパーインポーズ検査では一致しなかった部分（重ならない部分）を「残差」といいますが、ピクセルを利用して照合率を計算することが可能なことから、照合率・照合残差率検査法が採られています（＊38）。

パソコンを利用するスーパーインポーズ検査では、レイヤーの差の絶対値も利用しています。

スーパーインポーズされた画像をY・M・Cの減色法の三原色で現わし、一致部分と照合残差（不一致部分）の確認を行うのがこの方法ですが、この方法では、印影と重複している不要な画像（例えば㊞記号や署名筆跡の部分）と印影との差も明瞭に示されることになります。

イ　平面幾何図法

一九六〇(昭和三五)年当時の印影の幾何学的検査は、拡大プリントした写真印画の印影画像に朱墨と烏口を用いて作図線を描き、線に沿って介在する印影画線の長短、凹凸、間隔の広狭を目視で検査して、異同を識別するものでした。

一九六一(昭和三六)年に科捜研は線間隔2ミリの既成方眼図形フィルムを購入し、それを赤発色カラーホイルにプリントした赤色方眼図形フィルムを拡大写真印影に重ねることで手描きによる作図誤差を防いでいます。

今日でも幾何学的図形を用いる検査法は印章鑑定にしばしば利用されていますが、これはかつて金澤重威や浅田一が提唱し、高村巌が幾何学的検査法と名付けた方法を進化させたものです。

現在では方眼図形、交差斜線図形、同心円図形、三六〇度分度図形などの基本図形と、各図に付加する三種類の基準図形を使用していて、これを平面幾何図法(*39)と呼んで、印影以外の印字鑑定や不明文字鑑定などにも使用しています。

これらの図はいずれも同じ規格で作られていることから、異なる図形を重ねて複合図形として使用することが可能で、例えば方眼図形と三六〇度分度図形を複合図形とした場合では、取締役印のように内円内にある文字と外円と内円（二重輪郭印の外郭円を外円、印影内部で文字を囲む円を内円と呼ぶ）との間にある環状文字列を検査することができ、特に環状文字列にあっては、各文字の縦画の方向性や向かい合った位置にある他の環状文字との関係の検査が容易に行えるメリットがあります。

ウ　輪郭線描画法

同じ印顆を用いて押印した印影でも朱肉の付着量の多少によって印影画線の太さが相違するため、画線が太く現出された印影と細く現出された印影、あるいは画線の濃度が濃い印影と薄い印影を重ね合わせると、画線が細い印影や濃度が淡い印影は画線が太い印影や濃い印影画線に埋没して、異同の判断が困難になる例が少なくありません。

過去に高村巌は「擴大印畫の上にセルロイド板を當てゝ朱色のインクで印影の輪廓及び字劃の縁線を綿密に描寫する。＝中略＝このセルロイド板を他の比較すべき擴大印影寫真の上に重ねて、字劃線、輪廓線が一致するか否かを見る」としています。

これが印影の輪郭線検査法の最初ですが、当時の輪郭線は手描きであったために精度に難点がありました。この不都合を除くため、今日では、パソコンの画像処理を利用して印影の輪郭線画像を作成しているため（＊40）、手描きの場合のように鑑定人による個人差がなく、異なる複数の鑑定人が使用する輪郭線画像が共通のものとして得られています。

3　多種の偽造印影

偽造印影には印影を直接的に偽造したものと、印面を作ってそれで押印した偽造印影とがあります。

過去の印影の偽造方法をさかのぼってみると、一九五〇年代には色鉛筆で手描きした描画印影があり、鉄筆を使って真正印影の画像を謄写版原紙に敷き写し、ここに朱肉を与えて印刷した孔版偽造印影があります。

その後の謄写偽造印影には、理想科学工業社が開発した写真孔版印刷を利用したものがあり、同社の孔版印刷を簡略化した印刷器具のプリントゴッコ（商品名）を使った偽造印影もあって、それらはすべて孔版印刷偽造印影として扱われています。

印影の偽造には、真正印影を利用して転写をした偽造印影もあります。

紙面に押されている印影を、一旦、謄写版原紙などのような滑面紙の面に転写した後、これを紙面に押し写して再転写したものがそれですが、転写印影では、転写の際に強い圧力で紙面を擦るため、真正印影や偽造印影の部分の紙面の繊維がつぶれていたり、摩擦で滑らかになった紙面が光沢を発しているなどがあって、転写偽造ではこの状態を把握することにしています。また、転写印影には朱肉の盛り上がりがありませんが、会社印を転写したこの種の偽造印影事件は今日でも発生しています。

過去の印面偽造では写真製版による亜鉛凸版が利用されており、ほかには、感光性樹脂版材を使用したEZスタンプやスタンプスタンプ、スタンプリン、フォトスタ・クラブ、ソーラースタンプ（いずれも商品名）など数々の玩具類が文房具店などで販売されたこともあって、これらを使った印面偽造事件が多発していました。今日、これらの玩具類はほとんど店頭から姿を消していますが、凸版印刷に用いる感光性樹脂版材を使った偽造は今日でも行われています。

市中に広く普及したことからカラーコピーやパーソナルコンピュータの画像処理を利用した偽造印影事件もあって、民事事件では契約書や領収書のカラーコピー印影の偽造が続発しております。

カラーコピーやパソコンによる偽造印影は画像形成の違いをルーペで見破ることができる代物に過ぎないから、不審な印影は市販の倍率一〇倍程度のルーペで簡単に見破ることができます。

それらの印影画像は画像形成が真正印影と全く異なっていることはいうまでもありません。

印章鑑定には異同識別ばかりでなく、ほかの検査もあります。

偽造印影の確認を目的で行う押印圧痕の検査もその一つで、押印圧痕が検出されれば印顆を用いて押印したものと判断されてその後の検査が進められますが、署名と押印のどちらが先になされているかの前後関係（物理的には上下関係）の鑑定なども少なくありません。

なかには、消印や契印のように分割されている印影が同じ印顆によって押されたものか否かや同時に押されたものか、あるいは印影の押印時期はいつかなどのように検査が不可能な鑑定事項もあって、法文書では、それらは検査が不可能な理由を文書で説明しています。

鑑定人を名乗る大学教授は著書で（＊20）「銀行は印鑑を鑑定できるか」とし、「銀行が印鑑鑑定士を置いているわけでもなければ、印鑑の検査機といった設備があるわけではない」とした後に、「これを実際に機械化することは難しい」などと述べています。

しかし、東京・九段にあった日立製作所と富士通が親会社の共同事業会社ファコムハイタック社は、日立製作所中央研究所を中心として印鑑登録照合システムを開発しており、一九八三（昭和五八）年九月二〇日にはファコムハイタックシステムの第一部は、富士通が開発した試作機とシステムの概要を図示して公開しています。

このシステムでは、印影の方向性の制御をはじめ、位置決め、スーパーインポーズの自動化が行えるものであって、その検査システムを用いた検査装置は窓口検査システムとして、今日では金融機関の窓口で常用されています。

一九八三（昭和五八）年には京都の立石電機株式会社（現オムロン）の金融システム事業部でも、金融機関用の印鑑照合装置を開発しています。ここでは目視による確認検査システムを含めていますが、M銀行の法務部員は「三文判にはてこずります」

といっていました。

Ⅴ 「印影鑑定」と「印章鑑定」

「印影鑑定」と「印章鑑定」の違いに触れてみましょう。

一九五五（昭和三〇）年は印影だけが鑑定の対象でしたが、その後、鑑定の精度を高めるために印顆が対照資料とされるようになったことから、法文書では「印影鑑定」を「印章鑑定」に改めています。

『印章』の語に関する解釈（＊41）には、

「印章は印影（押しあと）を意味するのか、印顆（印材に氏名などを彫刻して作った物体）も含むのかについては争いがある。判例は後節を採っている」

とあります。印章には別の争いもあって、

「文書に押すのが印章、ほかのものに押すのが記号」

だという説がありますが、一方では、

「表面に名を表しているのが印章（例えば「文部省之印」）、名を表していないのが記号（例えば「検印」）」、「判例は分かれているが、多数説は後者だ」とされています。また「印影・印鑑・印章」に関しては、「通常、物としてのハンコそのものを印章といい、印章が押捺された影像のことを印影と呼んでいる。印章は印影を含んだ広い意味で用いられることもある」（＊42）の説もあります。

これらは法的な解釈ですが、印章鑑定の実務では、凹凸図形を作るエンボシングスタンプや回転式の日付ゴム印、あるいはインク内蔵印やゴム製の記名スタンプの類までが鑑定の対象として提示されるのが実情です。

そうしてみると印顆で押された印影だけが鑑定の対象ではないことになるから、押すものと押されたもののすべてを含めて「印章鑑定」とするのが妥当であろうとの判断で、一九七五（昭和五〇）年の後半から科警研では「印影鑑定」にかえて「印章鑑定」の語を用いています。

過去には人為的に行われていた印影の検査が、パソコンやソフトウエアの利用によって文書鑑定工学的に行われている今日では、その方法を用いれば、すべての鑑定人が同じ方法で検査を行うことができ、その結果に鑑定人の個人差がなくなるメリットがあるといえるでしょう。

しかし、同じ印顆で押した印影に生ずる押印変動の検証、あるいは印鑑登録証明書の印影画像やカラーコピーの印影画像のように信頼を欠くと判断されるものに対しては、実体顕微鏡による目視検査が欠かせないのは事実です。

過去の事例にならって押印変動が確かめられ、既成の同形印や印鑑登録証明書の印影画像に関する事情などの基礎的問題が徐々に解決され、合理性のある検査方法が考えられて今日の印章鑑定がありますが、それらが世間一般に認識されていないため、いまだにカラーコピーや印鑑登録証明書の印影画像が対照資料として提出され、審理の場で本来の争いと異なる問題を生じている面があります。

「押印印影に次いでカラーコピーが信頼できる」などとする私的鑑定人がいるのもその原因の一つですが、印影に限らず、鑑定の場において扱うことのできないものや、その事情が多くの人に理解されるように努力するのも鑑定人のなすべきことの一つでしょう。

印章鑑定には異同識別ばかりでなく、それ以前の検査や基本的な問題に関する認識が必要であることは、鑑定を求める側の人にも知っておいてほしい点といえます。

VI 【印章鑑定例】

1 海軍省印影の押印時期を求めた鑑定

一九七一（昭和四六）年には東京地裁の接収貴金属等返還請求棄却処分取消事件があります。戦時中に海軍に接収された貴金属の返還を求めた原告は、受領証に押されている「帝国海軍」の印影は、その当時に押されたものか否かを鑑定事項としていました。

鑑定を命じられた私的鑑定人は、年月日が明らかな鑑定人呼出状に押されている裁判所の印影を対照資料とし、白紙に転写した朱肉の濃度を比較して押印時期を判断していましたが、学術的に認知されたそのような検査法は今日においてもあり得ません。

この事件では国が相手であることから、時の大蔵大臣田中角栄が被告で、女性の検察官が国側の弁護人でしたが、東京地裁はこの種の検査の可否を問うための検討を著者に命じています。

著者は使っている朱肉がいつも同じことが明らかな役所の文書を年別に集めて実験材料とし、アムスラー圧縮試験機で同じ荷重を掛けて印影を濾紙に転写し、転写濃度の検査を試みましたが、朱肉の付着量の違いが検出されただけで、転写濃度と押印時期の相関は得られませんでした。

ほかに検査法がないことから、本件については「本鑑定では、検査が不可能なため、押印時期は不明」を鑑定書として回答しています。

後に機会があって、国側の弁護をした女性検察官（現弁護士）に結果を尋ねたら、原告は訴訟を取り下げたそうです。

文書鑑定の分野には、検査が不可能なものについても、あたかもそれが可能なように振る舞う鑑定人がいることも事実で、これなどは龍城がいうように、賃金さえ手に入ればという考えの鑑定人が存在することもあって、このことについては、本件の裁判所のように、その可能性を追究することが必要といえるでしょう。

2　田中角栄を追うロッキード事件

印影鑑定を要する事件には、首相の田中角栄を逮捕に追い込んだロッキード事件があります。

対象は「児玉誉士夫」字の縦書きスタンプ印影で、東京地検特捜部の堀田力検事がアメリカから持ち帰った原寸大のコクヨ製用紙を使った領収証の写真四九枚です。

通常の印章鑑定では写真を鑑定資料とすることはあり得ませんが、FBIでは大型製版カメラに製版用大判フィルムを装填して、すべての資料を原本と同じ倍率で撮影していますし、エイト・バイ・テン（8×10 in）の写真印画に写し込まれているスケールからも、資料はいずれも原寸大で撮影されていると判断されました。

領収証は一九六九（昭和四四）年六月二四日から一九七五（昭和五〇）年七月二九日までのもので、いずれも数千万円の金額がチェックライターで印字されており、日付はスタンプ印影でした。

四九枚の「児玉誉士夫」のスタンプ印影を同一倍率で写し終えましたが、鑑定事項が「すべての印影が同一であるか否か」であったことから、その後は、一枚目と他の四八枚の領収証、次は二枚目と残り四七枚の領収証、次は三枚目と残り四六枚の領収

証の手順で、四九枚の領収証に押された「児玉誉士夫」のスタンプ印影を検査してお

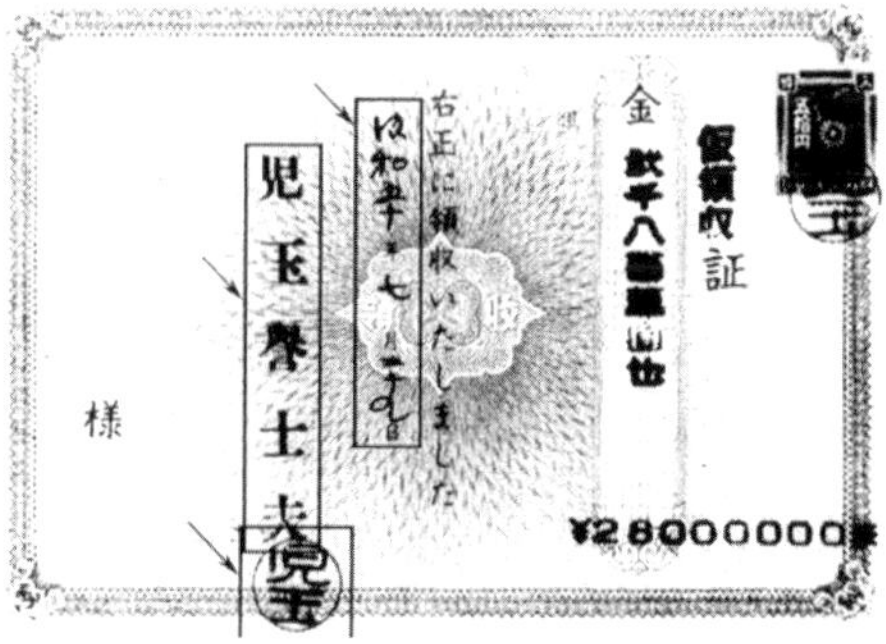

図8　ロッキード事件で問題となった児玉誉士夫名義の仮領収証
（49枚中の1枚）49枚はいずれも金額欄が数千萬円であった

り、すべての領収書の「児玉誉士夫」の記名印は「字形が同じと認められる」と結論しています。

「印影を同一」としなかったのは、鑑定資料が写真であったからにほかなりません。

3　印影と筆跡の上下関係（その一）

文字を書いてからハンを押したものか、捨印の上に文字を書いたものかの問題での争いは少なくありません。

契約書の欄外に書かれている本文の内容の訂正について争われている事件などがそれですが、検査はそれほど困難なものではありません。

契約書の問題の箇所を赤外線または赤色光で観察すると、印影画線は光学的に抹消されますが、筆跡の画線上に印影画線が消えた状態で痕跡として検出されれば筆跡が先で印影が後といえましょう。印影が全く消えてしまって、筆跡画線のみとなっている場合も結果は同じと考えられましょうが、この場合では印影が先でその上に筆跡が書かれていることもありますから、注意が必要です。

このような場合では、確認のための検査を行わねばなりません。契約書の問題の部分を用紙の裏面から観察するのがそれで、印影画線によって筆跡画線が切断されていれば印影の上に筆跡が書かれたことになり、その逆で、筆跡画線によって印影画線が切断されていれば筆跡が先でその上に印影が押されたことになります。

契約書や念書などに変造の疑いがある事件では欄外に「二字抹消、四字加入」などと書かれたものがあって、それが問題の事件が少なくありませんが、それらの検査はいずれも前述の方法によって行われており、裏面からの検査では、紙面に水やアルコールを噴霧して用紙の透明度を高めるなどもあります。

4　印影と筆跡の上下関係（その二）

印影画線が筆跡画線によって寸断されていたため、印影と筆跡の上下関係が争われた事件があります。

この事件では先に民間鑑定が出されていましたが、そこでは文字画線によって印影画線が切断されているのは印影が先で筆跡が後のためと結論されていました。

これに対して反論する側の申し立てがあったことから、裁判所は著者に再鑑定を命じていますが、再鑑定の結果は前回の結果とは異なるもので、筆跡が先で印影が後としています。

再鑑定では、ボールペン画線の筆圧痕を取り上げており、紙面に凹みがあってその部分では印顆の印面が紙面に接しなかったために印影画線に欠損が生じたものとして、その状態を示すために斜光線照明による顕微鏡写真を示していました。顕微鏡写真では筆圧痕の凹みが明確に示されており、その側面に朱肉が付着している状態も示されていました。

この事件、裁判所は後者の鑑定を採用したのはいうまでもありません。

文書鑑定ではさまざまな状態を考慮して検査を進めることが重要であることを示す例といえるでしょうが、最初の鑑定にはこの考慮が欠けていたようです。

第四章

不明文字鑑定

I　不明文字の定義

不明文字鑑定の歴史は古く、金澤重威は一九二九（昭和四）年の犯罪科学全集でそのテクニックを細かく記していますが、一九五〇（昭和二五）年、科捜研写真課長の高村巌は、文字をインク消しで消した後に別の文字を書き入れたもの、すでに書かれている文字に字画を書き加えて別の文字にしたもの、行間に新たな文言を書き加えて文書の内容を改変したもの、あるいは文字を消したままのものや墨などを塗って文字を見えなくしたものなどを総称して「改竄文書」と呼んでいます（＊14）。

改竄文書の名はその後長い間使われてきましたが、一九六八（昭和四三）年、警視庁科学検査所（現科捜研）の菊地幸江技師は、不明文字とは「何らかの原因で解読が困難となった文字、図形」と定義しており、物理的、化学的、あるいはその他の方法で検出解読し、必要に応じて不明となった原因や経過を明らかにすること」を不明文字鑑定としています（＊43）。

一方、科警研の荒井晴夫技官は、不明文字を次のように解説しています。

① 抹消文字：インク消しや漂白液などの薬液によって化学的に消した文字で、文字が書かれていた部分が白紙状のものや、抹消したところに新たに文字を記載したものなどがある。文字は検出されないが、抹消痕（痕跡）が検出されるものがある

② 削除文字：消しゴムや刃物、あるいはガラス片などを使って物理的に削り取った文字で、用紙面が荒れていて、俗にいう「毛羽立ち」があるが、文字は検出されない

③ 塗抹文字：既存の文字と同じまたはその他の物質（主に書記用色材）で塗りつぶした文字で、誤記の部分に取り消し線を描いたものや文字の上に修正液を塗布したものもある

④ 加筆文字：既存の文字（元の文字）に字画を加筆して字体を変えた文字で、行間や文字間に文字を挿入して文面を変えたものがあり、加筆とは逆に、字画を抹消して文字を変えたものもある

不明文字には筆圧によって紙の表面が凹状（溝状）、裏面が凸状（土堤状）になっている筆圧痕文字、紙面に書かれた文字が他の紙面（ノートの向かい合ったページなど）に移って生じた左右が逆の転移文字（鏡文字）のほかに、焼けて読めなくなった

焼失文字などもあります。

　焼失文字は焼け方の程度によって、文字が読める焦化、炭状に黒化した炭化、崩れやすくて動かせない灰化に区別されますが、炭化文書も崩れやすくてそのままでは動かせないため、平らなバットの底に板ガラスを置き、そこにグリセリン溶液を注いで液の上に炭化文書を浮かせ、底に置いた板ガラスを静かに引き上げて炭化文書を貼り付けた後、その上にもう一枚の別の板ガラスを載せて炭化文書をサンドイッチ状にするのが科警研考案の方法です。

　不明文字や改ざん文書の検査は同じ方法で行われますが、そこには印影と筆跡の前後鑑定（上下鑑定）などもあります。

　一九二九（昭和四）年、金澤重威は、

「銀行の貯金通帳を盗み、番号と宛名をインキ消しで改竄して詐欺を犯した事件があった。この筆蹟は素人には一寸気が付かないが吾々が注視すれば肉眼でも改竄した形跡は窺われるが消した字畫が何であるかは全然判らない。之を紫外線下で検すると其内の一部分は読み得るが全體の容量が判らない。そこでプロセス乾板を用いて複寫してみると、意外な好成績が現れ全字畫が判明したので今更ながら寫眞の威力に驚いたことがある」

としており、別の事件例では、

「検事から證書の欄外にある筆蹟一字訂正の下部に跨って捺印してある印影を示され、この印影は筆蹟前に捺印したものであるか、筆蹟後に捺印したものであるかに就き鑑定を委託された。この問題は若し其の筆蹟が普通の煙墨又はインキを使用したものであれば一見その捺印の前後は判別せられ、尚その整色複寫法によって擴大印畫により容易にその前後を證明する事が出来るのである」

として、当時、すでに筆跡と印影の前後判定を行っています。

金澤はさらに科学写真便覧の司法写真の改竄の項で、

「改竄が鉛筆の場合は抹消されている。依ってその部分に對して極端なる斜光線を當てる。抹消された跡には不可視の筆溝が存在するから此の光線により溝に蔭が出来たのを寫し取るのである。又裏面から凸堤を寫す場合もある。此の斜光線は殆ど紙面と平行でなければならない。且斜光線は反斜光線を出してはならない。斜光線は圓筒を半切した様な反射器の上下に電球（水銀燈ならば尚結構）を取り付けたスタンドを作り又複寫機に取り付ける。斜光線には明るい室は不適當である。此の方法は筆者の発見である」とした上で、「墨汁で改竄が行はれた場合、又は消された場合は透過光で長い露出を與へて寫す。此際餘分の光線が入らぬ様な装置が必要である。＝中略＝白粉等で消して改竄したものは透光で簡単に撮れる。インキ消しによる改竄又は無色薬液（諜報或いは思想犯人の慣用するもの）は紫外線を利用して撮影する。又紫外線及び赤外線は詐欺物件の判別寫真等にも利用せられる。紙幣、有価証券等の印刷物の偽造は勿論その他の悪計でも単に擴大写真で容易に識別されるものが少なくない」などと述べた後に「**寫眞の利用は無限である**」と述べて、写真の利用を高く評価しています。

一方、医学博士の浅田一は、

「貯金通帳の名儀を變造したり、小切手や小替為の金額を改竄したりする文書變造詐欺事件は中々少なくない。斯うした變造文書の中には、肉眼で見たのでは全くその改竄の跡ができないやうなものがあるが、これも寫眞技術を利用すれば、容易に看破することが出来るのである。
（一）インキ消しなどを用いて、記入文字を消して改竄した變造文書、これは、紫外線發光器を用いて撮影すると、肉眼では認識し得なかった消滅させられた文字がハッキリと現出されて、寫眞に撮れるのである。
（二）小刀で文字を削り取って改竄したものは透過光線と謂う高度の光線でその文書を透射して寫眞に撮ると、抹消された文字がハッキリと現出されるのである。
（三）鉛筆の筆跡のやうに、文字の跡が凸凹のあるものの場合は極端なる斜光線を用いて撮影することによって鑑定するのである

として、金澤と同じようなことを述べています。

さらに浅田は、綴られている證文中の一枚が偽筆かどうかの鑑定においても、「紫外線分析器で照射すると四枚目だけは暗紫色調を呈し、他の紙は白く見える。肉眼では反対で四枚目の方が心持他の紙より白く見える位である」

と、紫外線による紙質の鑑別も行っています。

金澤の著が一九二九（昭和四）年、浅田の著が一九三五（昭和一〇）年で、年代と

技術的な違いはありますが、原理的には現在と同じ不明文字鑑定が両者によって昭和のはじめに行われていることになります。

II　不明文字検査の基本

不明文字鑑定に紫外線や赤外線が使われるのは、文書を形成している素材に原因があって、タンニン酸鉄が素材のブルーブラックインク、色素を混合して作られているボールペンインクやサインペンインクなどに光学的性質の違いがあることによります。

紫外線の励起によって蛍光を発したり、紫外線を吸収する紙やインクがあり、一方には、赤外線を透過するインクや赤外線を吸収して現出される漂泊液の痕跡など、赤外線透過性や吸収性の物質が使われているからで、斜光線が使われるのは紙面に硬筆記具によって生じた凹凸があって、そこに陰の暗部と光が当たった輝部ができるからですが、金澤や浅田の鑑定には検出できる原因の説明はなされていません。

当時の鑑定は現象を捉えればよく、その理由となる基礎的問題に触れていないのが今日との違いでしょう。

結果を示すだけでその理由に触れていないことについては、すでに播磨龍城や大塚一男などの弁護士が苦言を呈しているところです。

銀座の文房具専門店で黒インクのボールペンとフェルトペン（俗にいうサインペン）をすべて購入し、その分光特性を検査した著者の試みがあります。

濾紙に各ペンで直線を描き、暗室で紫外線を照射して青紫色または橙黄色の蛍光を発するものを区別していますが、一方、インクの赤外線に対する透過性と吸収性については、赤外線テレビを使用して検討しています。

さらにペンの中芯から取り出したインクの分光特性を分光光度計で調べていますが、この特性の違いは今日の不明文字鑑定の基盤となっています。

インクの赤外部における分光特性には、赤外線を完全に吸収するもの、透過するもの、その中間的なものがありますが、それらの違いは素材にあって、薄層クロマトグラフィーを試みると、有機物が主成分のインクと無機物が主成分のインクおよびその両者を混合したインクに分けられます。

ところで、わが国の赤外線写真の誕生はいつごろでしょう。

日本で最初に赤外線写真を撮ったのは、科警研の顧問の東京写真短期大学（現東京工芸大学）の鎌田彌壽治学長ですが、先生は一九二〇（大正九）年にワシントンの標準局写真研究室を訪れた際、同局のパーカー博士からクリプトシアニン色素をもらって帰国し、それを使って赤外線乾板を作り、一九二七（昭和二）年に上野の山から富士山を撮って、翌年、雑誌「科学知識」の一〇月号に発表したと記しています（＊44）。

Ⅲ　改ざん文書の非破壊検査

法文書における不明文字鑑定に紫外線や赤外線が使われるのは、証拠保全のために非破壊検査を原則としているからで、鑑定結果が非破壊検査の範囲のものとなりますが、そこでの情報に推測をまじえて鑑定結果とすることは皆無で、行ってはならないことです。

インクの違いが明らかになっても、それが改ざんによるものか、悪意のない自然の行為（合意の上の追記）かは分からないからです。

一方、紫外線や赤外線による検査の結果が同じ場合では、それはインクの光学的性質が同じであることを示しているに過ぎませんから、それをもってにわかにインクが同じ、あるいは筆記具が同じと断定することはできません。

光学的に性質が同じインクであっても、インクを形成する素材に違いがあるからで、インクの光学的性質による筆記具の判断には、この種の限界があることは認識されねばならないことです。

過去の不明文字鑑定には技術的に幾つかの問題がありました。

その一つに赤外線写真があります。当時、国産の赤外線感光材料といえば「さくら赤外750」フィルム（夏季限定販売）と「富士赤外820乾板」（特需品）でしたが、赤外線感光材料は使用期限が約六ヶ月程度と短かったため、長い間フィルムをストックすることができませんでした。

その後、コダック社の赤外線フィルムが年間を通じて輸入されるようになりましたが、ここでは注文による輸入であったため、必要以上のまとめ買いが悩みの種となっています。

一九六〇（昭和三五）年、コダック社はアメリカ航空宇宙局NASAの要望に応じて、エクタクロームエアロタイプ8443を開発しています。これは赤外部を赤、赤色波長部を緑、緑色波長部を青で現わす擬似カラーフィルムであったことから、撮影時にはコダックラッテンNo・21のような青または青緑色の光を吸収するフィルターを用いて青色光をカットしなければなりませんでした。

検査結果が色別に示され、識別が容易であったことから科警研では赤外カラー写真を常用していましたが、需要が低下したためコダック社は二〇〇七（平成一九）年に生産を終了したことから、その後、この種の鑑定は行われていません。

他の問題の一つには、紫外線を利用する蛍光検査があります。

一九五五（昭和三〇）年当時の蛍光写真の撮影は、組み立て暗箱と呼ばれた木製のキャビネ判カメラにごく低感度のプロセス乾板を用いて暗室内で長時間露光を行っていましたが、当時の科捜研は木造建てで、暗室横の廊下を人が通ると振動で露光ができなかったことから、撮影は職員が退庁した夜の時間帯に限っていました。

このことは顕微鏡写真の撮影でも同じだったようで、法医学課の平嶋侃一博士も夜半になるのを待って写真を撮っておりました。

紫外線検査はインク消しなどで消された鉄系インク文字の検出に使用することが多かったですが、露光の際の不便を知った光学課の西田祥一技官は、インク消しで抹消した紙面に潜在する鉄分を発色性の鉄化合物に換えることを考え、試薬にフェロシャン化カリウムを用いて抹消文字の化学的検出を試み「鉄錯化合物生成による抹消インキ文字の顕出」と題して科警研報告に報告しています。

この方法には、鑑定資料を汚染するデメリットがありましたが、写真的に結果が得られないものであっても抹消文字を検出できたため、必要に応じて発色法も使われていました。

従来の方法では全く検出ができなかったものに、墨や墨汁または黒の速乾性インク（マジックインキ）で塗りつぶされた文字があります。これらはいずれも赤外線や紫外線に反応しないことが原因ですが、ここで著者は、オートラジオグラフィーを試みています。

オートラジオグラフィーは放射性核種をトレーサーとして含む試料と乳剤層の厚いX線フィルムを密着して放射性核種の分布を調べる技術で、医学や農学の分野で広く使われているものです。

タンニン酸鉄インクで書いた文字を墨で塗りつぶした資料をビニール袋に入れて密封し、東京原子力産業研究所の原子炉の冷却水中に沈めて試料に熱中性子を当てて放射化した後、これをX線フィルムに密着して放射線でフィルムに画像を作る実験を繰り返した結果、墨の放射能の減衰速度が万年筆やサインペンに比べて早いことが確かめられ、従来は検出が不可能であった墨で塗りつぶされた文字の検出を可能にしています(＊45)。

ただし、この方法には大きな欠点があることは最初から分かっていました。証拠品の文書が放射性物質となることがそれで、検査後は放射性廃棄物として扱わねばならないことでした。

検査が終わった文書を日常生活の場に持ち出せなくなるため、主要事件の場合に限って最後の手段として用いることにしていましたが、政府の高官に届いた文書から墨で塗りつぶされた内容を読み取ることに成功しています。

一九七五(昭和五〇)年一月二八日付の日刊工業新聞は「新潜在画像検出法を科学

警察研が開発」の見出しでこの方法を伝えていました。

Ⅳ　不明文字鑑定に使われる機材

偽造文書の鑑定では、小泉Ｘ線工社（現ソフテックス社）の低電圧（２０ＫＶ未満）で波長の長い軟Ｘ線を発生する「ソフテックス」を使って絵の具による偽造印影や内容証明郵便物の無断開封の有無、金額を偽造した小切手や約束手形などの鑑定を行っています。しかし、ここではＸ線写真の撮影は暗室内で行わねばならないという問題がありました。

軟Ｘ線は透過力が弱いため、フィルムカセットが使えないからで、Ｘ線フィルムと鑑定資料を重ねてＸ線を照射せねばなりませんでした。

そこで考えたのが、鉄板の上にフィルムを置き、その上に鑑定資料を載せて磁石で押さえる方法です。原始的ではありましたが、その後のソフテックスによる写真記録はすべてこの方法で行っています。

一九六〇年代の初頭に浜松テレビ株式会社の昼馬専務が訪ねてきて勧められたこと

から導入したものに、赤外テレビジョンがあります。

赤外線用ビジコンを開発したが用途が分からなかったといっていましたが、文書鑑定にとっては渡りに船でした。それまでは赤外線フィルムで撮影していたものが瞬時に結果が得られるのが魅力でしたが、周囲の者が歓迎したのは、モニターがTV放送受信用のテレビジョンだったことです。テレビが家庭に普及していないころのことで、当時のテレビ放送は街頭での立ち見が普通だったからです。

赤外テレビはそれまでの文書鑑定のあり方を変えることになりましたが、モニターに検出した画像をカメラで撮影する不便がありました。しかも、ブラウン管の画面が今日とは違って湾曲していたことから、出来上がった写真の画像は歪みのあるものでした。

一九八四（昭和五九）年、科警研の高澤則美と黒木健郎技官がパソコンにイメージメモリーモードを増設した文書鑑定用マルチ画像処理装置とソフトウエアを構築したことから、それまで写真的であった不明文字鑑定や改ざん文書の検査がパソコンの利用に替わっています。

第四章
不明文字鑑定

一九八四（昭和五九）年、著者と関陽子技官は、赤外線に感度があるNEC TI-22A CCDのモノクロカメラにコダックのラッテン88A赤外線透過フィルターを装着し、高澤らが開発したばかりの装置を使って不明文字鑑定を試みていますが、これはパソコンを文書鑑定に採り入れた最初の試みでした。

不明文字鑑定には紙面と平行の照明を利用する平面光線検査がありますが、この方法では光軸と直角に交わる筆圧痕が検出されるだけで、光軸と並行する筆圧痕はほとんど検出されません。そのため当時の検査では、筆圧痕に対して光軸が直角に交わる二方向からの照明による二枚の写真が必要でした。

この面倒を解消したものにエスダ（ESDA：Electrostatic Detection Apparatus）があります。

一九七八（昭和五三）年にイギリスのスコットランドヤードと共同でフォスタとフリーマンが開発した装置がそれで、この方法では鑑定資料の上に重ねた透明のフィルムの面をコロナ放電（先端が箒のように広がる放電）で帯電し、そこに筆圧痕文字の静電気潜像を作った後、静電気潜像の上にカスケード法でトナーを与えて可視像を得るものですが、この潜像は静電誘導によって光導電面の境界に生ずる電位の利用で形成されています。

ＦＢＩをはじめ世界各国の科捜研が利用していて、わが国でも各地の科捜研がエスダを導入しており、最近は民間鑑定所の㈱法科学鑑定研究所などもエスダを導入しています。

著者と北海道警本部科捜研の木村英一技師は、塗抹文字、エンボシングスタンプ、潜在指紋などへの多目的利用を試みていますが、一九九七（平成九）年ＩＣＰＯ－ＲＥＶＩＥＷ、Ｎｏ・４６５にはその成果が登載されています。

近年、市販のホームビデオカメラにはナイトショット（赤外線感知機能）が内蔵されていて（デジタルカメラにもある）、前方に赤外線を放射していますから、これを使えばカメラのモニターで赤外線画像を観察することができ、その画像はカメラに記録されます。

一方、蛍光検査では、ブラックライトやケミカルランプと称する紫外線用蛍光灯が量販店などで販売されていますから、暗所でこれを使えば蛍光検査が可能になります。

したがって、今日、不明文字鑑定や改ざん文書の検査には専門家は不要といえるでしょう。

かつては、検査やその記録に特別の機材を必要とし、写真ができてから結果が分かるなどしていましたが、今日の不明文字鑑定や改ざん文書鑑定では「ちょっとお待ちください」の時間で依頼者と一緒に検査結果が得られています。

これらのことから、かつて最高裁判所事務総局刑事局が期待していた、口頭鑑定の実施が可能となるでしょう。

V 【不明文字鑑定例】

1 ジャパユキサンの変造旅券

不明文字検査の多くは対象が改ざん文書ですが、それらは多岐にわたっているために例を挙げればきりがありません。

一九五五（昭和三〇）年以降の数年間は、不法入国事件の偽造パスポートの鑑定に追われる毎日でした。当時は疑わしいパスポートの真偽鑑定は入国管理事務所または法務省入国管理局から科警研に依頼されています。

ほとんどが東南アジアから不法入国で来日した女性が所持していたもので、一度に十数冊の偽造パスポートを持ち込まれたこともありました。

性別や氏名、年齢などに書かれている文字を抹消して別の文字を記入していること、顔写真の貼り替えの検査が主でしたが、偽造の手口がどれも同じことから鑑定はルーチン化されていました。

パスポートの文字の部分を紫外線で照射すると文字を消した部分に抹消痕が現れますから、その部分を赤外線で検査して元の文字を検出するという単純な作業です。二〇歳代の女性のパスポートから検出した文字の元の持ち主が男性であったり、年齢が五〇代だったりすることが常でした。

第四章
不明文字鑑定

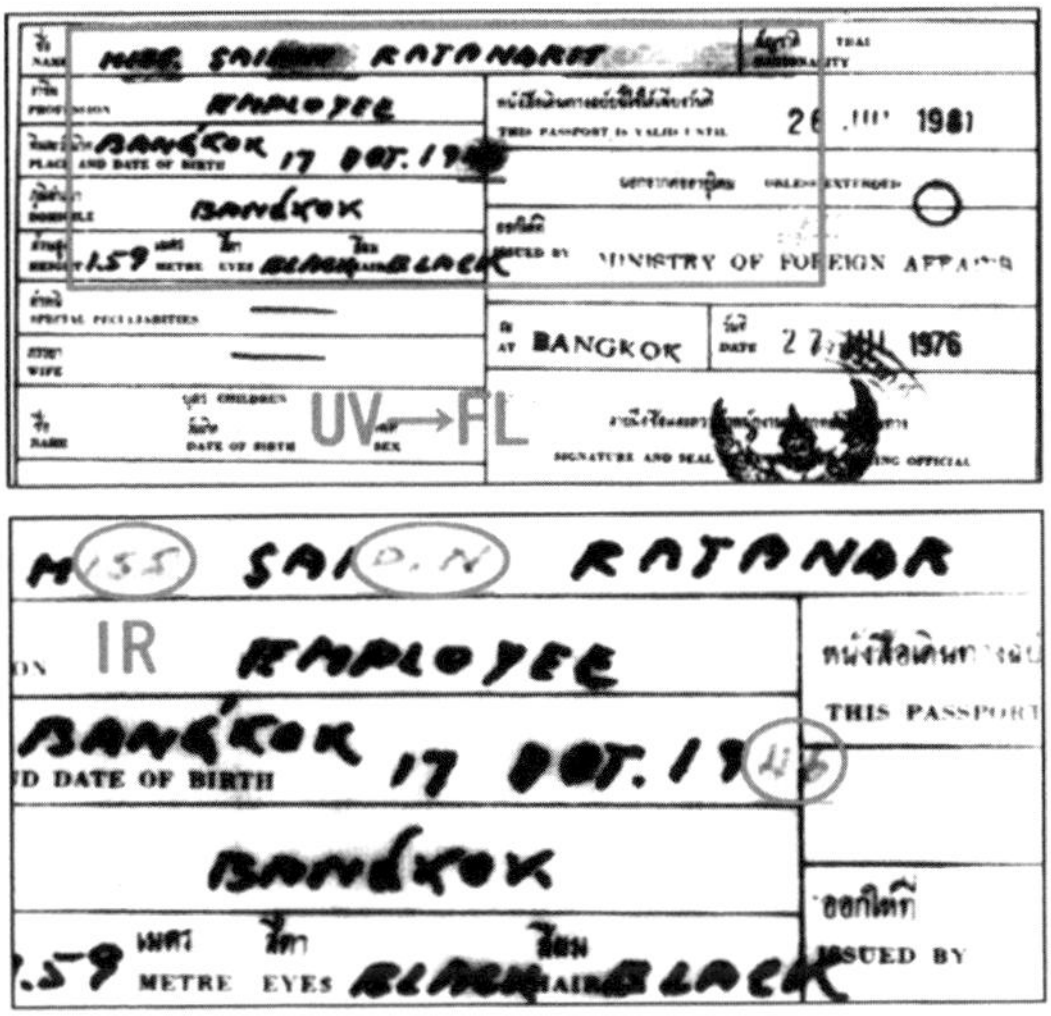

図9　ジャパユキサンの変造パスポート

上：紫外線検査で元の文字を消した抹消痕を検出したもの

下：赤外線検査で検出した元の文字（丸で囲った文字）

顔写真に押されているエンボシングスタンプの凹凸図形を用紙の裏面の図形と比較したときに、写真上の図形と裏面の図形がずれていれば写真を貼り替えたことになります。

スタンプの図形が真正印と同じであったことから、真正印を扱える人物が写真の貼り替えに加担していると考えられましたが、これは他国の問題です。

2 貯金通帳と収入印紙の改ざん

郵政監察局からの鑑定は、盗難にあった貯金通帳から現金が引き出された事件が多く、通帳に押されている印影と払い戻し用紙の印影の鑑定が主でした。当時の貯金通帳は金額がスタンプで押されていたため、金額のスタンプ印影を高額のものに偽造して現金を引き出した例などもありましたが、この種の事件は郵政監察官が行っていたことから、郵政省の研修所へ出向いての鑑識研修が定期的に行われていました。

国税局からの鑑定には、使用済みの千円収入印紙の消印を抹消し、それを販売していた事件があって、紫外線の励起による蛍光検査で抹消されたスタンプの痕跡を検出しています。これなどは数百枚の使用済み収入印紙を手に入れることのできる立場の人物の仕業であったと考えられましょう。

3　八五枚のアメリカ財務省の偽造小切手

一九八八（昭和六三）年、東海銀行京都支店にアメリカ財務省発行の八五枚の小切手が持ち込まれています。

該当する番号の小切手が振り出されていなかったり、すでに換金されていたりで、偽造であることは銀行が明らかにしていました。

見掛けは真券と同じですが、金額の最初の数字に歪みがあることから、顕微鏡で検査すると、その数字は貼り付けられていて、どれも本来の金額が高額に変造されていました。

紫外線を当てると、貼り合わせに使われた糊の部分が蛍光を発しています。

貼り合わせの痕跡が検出された部分を記録した写真は百数十枚にのぼりましたが、この事件では八五枚のすべての小切手に変造の痕跡が検出されています。

図10 切り貼りで偽造されたアメリカ財務省発行の小切手
いずれも金額欄の最初の文字が偽造されて高額化されている

この小切手の貼り込み方は手が込んでいて、変造部分では紙面が大きく削られており、貼り込む文字の裏も削り取られて紙が薄くなっていました。こうしておけば紙面に凹凸ができないとの考えであったようです。

この事件では、偽造金額は合計六八万三、三四七ドルという大きな金額になっていました。

4　変質した古文書を読む検査

民事事件の多くは契約書や念書、覚書などの改ざん、領収書の金額の改ざんなどでしたが、民事事件の不明文字鑑定には変わった例もあります。

文字の隠蔽が目的ではなく、文字を書いた文書の保護を目的として漆や渋を紙面に塗布したものと考えられましたが、年月の経過にともなって塗布した物質が酸化し、紙面全体が黒くなって文字が読めなくなったものが鑑定資料とされていました。

裁判所の依頼は「塗布された下に書かれている文字を読み取ることができるか」でした。

塗られたものが酸化して黒化していると考えられましたが、それが漆や渋であれば、学名ウルシオールやシブオールは有機物で赤外線透過性ですから、赤外線写真で下の文字を検出することが可能であろうと考えました。

この鑑定では、その考えが正解で、赤外線写真の撮影だけで目的を達し、すべての文字を検出しております。

5 ポルノ写真の再現性の検討

不明文字鑑定には特異な例もあります。

法廷で示されたのは数冊の雑誌でしたが、開いてみるとどれも下腹部が黒く塗りつぶされた外国人児童のヌード写真で、鑑定事項は、「写真に塗布されている黒インクを除去して写真を再生することは可能であるか」でした。塗りつぶしにどのようなインクが使われているかが不明でしたが、何らかの方法でインクを除くことはできるでしょう。しかし、ここでは雑誌の印刷への影響を考慮しなければなりません。インクが消えても印刷に傷が付くようでは写真の再生にならないからです。

インクを物理的に取り去らねばなりませんが、これは鑑定資料を破壊することになるので、裁判所の処分許可が必要です。

処分許可状を得て種々のテストを試みましたが、結局、溶剤を沁みさせた脱脂綿をインクの上に押し当てれば黒インクを除けることが分かりました。

鑑定は成功しましたが、気がついたら、マニキュアの除去剤が効果的でした。

この事件、税関は黒塗りの修正を条件に輸入を認めていましたが、東京地裁刑事部は「容易にインクを消して写真を復元できる」とし、同写真はわいせつに当たるとして有罪判決を言い渡しています。

マニキュアの除去剤が「容易に」を引き出したのかもしれません。

二審の高等裁判所も控訴を棄却しており、最高裁判所第二小法廷も一、二審の判決を支持して被告の上告を棄却し、罰金の有罪判決を下しています。

税関で通関したものが裁判で否とされたため、法廷には報道陣が大勢詰めかけ、新聞は争うように紙面を大きく割いて報道していました。

不明文字や改ざん文書の鑑定の過程では試行錯誤が常識ですが、はじめから方法が予測できるものがある半面、あれもこれもと方法を変えて検査を繰り返さねばならないのが不明文字や改ざん文書の鑑定で、結果を得るまでしつこく検査を重ねなければならないのがこの種の鑑定といえるでしょう。

第五章

複製文書鑑識

Ｉ　「複製文書」と「画像形成材」という語の命名

一九六六（昭和四一）年当時、世間には手書き以外のさまざまな文書が氾濫していました。写真的なコピーや感圧複写などと並んで、印字や印刷もその一種で、多彩な文書がありましたがそれらを総括する名称はありませんでした。

多彩な文書を総括する名がないのに気が付いた千葉大学工学部の源田秀三郎教授は、それらの文書を総称する語として「複写文書」や「二次的文書」を考えていましたが、ほかの教授からの意見を踏まえて、すべての文書に扱える語として「複製文書」が適当としています。

同教授はインクやトナーをはじめ文書の作成に使われる着色材についても、それらを総称する語として、そこでは「画像形成材」と名付けています。

したがって、今日、文書鑑定で広く使われている「複製文書」や「画像形成材」の語は、ここで生まれた造語ということになりますが、これらの語については、一九六七（昭和四二）年の写真学会で、源田教授自らがその意味と内容および命名の経過を説明しています。

II 印字類の鑑定

1 タイプライター印字

一九五五～六〇（昭和三〇～三五）年代の印字といえば、手書きの原稿をタイピストが浄書したタイプ文書が主で、鑑定では官公庁や企業のタイプ文書の印字の異同識別やその真偽鑑定が行われています。

タイプ印字の文書は二つに分けられ、その一つは和文タイプ印字、ほかの一つは欧文タイプ印字です。

両者の違いといえば、和文タイプライターでは文字盤に配列された活字をタイピストが一字ずつ拾って印字しますが、欧文タイプライターは活字がアームに固定されているため、配字が変わらない点です。

そのため、和文タイプ印字の鑑定では、印字を一字ずつ拡大写真にしましたが、そこでは字形による活字メーカーの識別と活字の固有特徴の検出が主な検査でした。

一方、欧文タイプ印字では、字形からタイプライターの銘柄と機種を直接識別していましたが、これはICPO（国際刑事警察機構・インターポール）が世界中のタイプライターを対象として、「f・t・M」と「2〜6・9」の数字を組み合わせた「タイプ印字検索カード」をICPOの加盟国に配布していて、日本では警察庁のICPO事務局が受理した原本を科警研に転送しており、これが鑑定に使われています。

わが国では欧文タイプ印字の鑑定はほとんどありませんでしたが、欧米ではタイプ印書の犯罪が多かったことから、イギリスの科捜研は国内で販売されているすべてのタイプライターの印字サンプルの提出を義務付けていて、何らかの理由で活字を交換した場合でも、交換後の印字も集録していました。

印字サンプルはキャビネットにメーカー別に保管されていましたが、女性の担当者は、銘柄が分かっても該当するタイプライターの検索が容易でない、と嘆いていました。

このことから著者は、検索の迅速化を考えて、ICPOの分類コード一六一二種を日立製作所製の光ディスクファイルシステムHITFILE-650（当時は直径一二インチの大盤光ディスク）に登録して特徴をコード化し、このシステムをＩＣＰＯ本部に報告していましたが、この報告は一九八九（平成元年）年のＩＣＰＯレビュー（＊46）に掲載されています。

日本語のタイプライターには、杉本京太発明の文字数が二、四〇〇字の簡易和文タイプライター（商品名：パンライター）があります。

活字の配列を印刷した配字ボードで文字を選んで印字レバーを押すと、自動的に活字が取り出されて紙面に文字が打ち出される仕組みです。

操作が簡単なことから、ワードプロセッサ（略してワープロ）が登場するまでの長い間、小規模の事務所や代書業、個人などで多用されていました。

一九八四（昭和五九）年三月、阪神地方で発生した江崎グリコ社長誘拐事件、同年九月の森永製菓脅迫事件などのいわゆる「グリコ森永事件」では「かい人21面相」と名乗る犯人から届けられた何通かの脅迫状はどれもパンライターで印字されたものでした。

2　ワープロ印字とは

一九八〇年代の後半には、俗称をワープロと呼んだワードプロセッサが登場して、官庁や企業、個人に導入されたことから、ワープロで印字した文書が犯罪にかかわる事件が急増し、誹謗文書や脅迫状、あるいは契約書や念書、領収書などの偽造事件が多発しています。

科警研では日本事務機械工業会の協力を得て、国内のすべてのメーカーのワープロの印字サンプルを収集し、それをメーカー別、機種別に分類してワープロ印字検索ソフトを構築していますが、これは著者が見てきたイギリスのタイプライター印字の収集と整理、保管にならったものです。

鑑定資料の印字とサンプルの印字をパソコンの画面で拡大してスーパーインポーズするのが検査の主軸でしたが、検査の手順は科警研が開発し、警察庁の鑑識課が一部の都府道県警に配布した「文書鑑定用マルチ画像処理装置」を用いていました。

一九八七（昭和六二）年、朝日新聞阪神支局で二人の記者が殺傷された「赤報隊」を名乗った犯人の犯行声明は、シャープ社のワープロで印字したものであることを鑑定が明らかにしています。

3 切り貼りされた印字の検査

誹謗文書や脅迫文書、あるいは犯行声明文の多くは、新聞などの印刷文字を切り抜いて貼り合わせたものでした。

指紋検出を終えた文書を水に浸して文字を一字ずつはがし、表裏の文字の関連から新聞記事や雑誌の切り抜きを判断しています。

朝日・毎日・読売などの全国紙の活字は、各新聞社が独自にデザインしていて、新聞相互間で字形が違っており、各社系列の地方紙は全国紙と同じ活字を使っていました。

検体文字がどの新聞社の系列かを識別するために行ったのが、全国の新聞文字の収集と分類で、ここでは都道府県警察の文書鑑定担当者がその地方の全ての新聞文字を収集しています。

印字事件には写植文字もありました。写植文字は書体の種類が多かったため写研やモリサワなどの写植文字では、メーカーの書体見本を対照資料としています。

切り貼り文書の印字鑑定の代表的なものには、連続企業爆破事件の犯行声明文があります。

声明文から剥ぎ取った文字の表裏が同じ字体の漢字であったり、同じ字体のゴシック体漢字があったりしたことから、利用された図書は字典であろうと判断していましたがこれは正解で、使われていたのは小学生用の漢字字典でした。

印字や印刷文字の大きさの検査では、A４判大のフィルムに大きさの違う文字枠が並んでプリントされている写植文字級数表（写植文字は大きさを級数で示す）を使って、そこにプリントされている文字枠を検体印字に重ねて活字の級数やポイント数、号数などを確かめています。

一方、網目印刷物のスクリン線数（網目の細かさを示す表示）の検査では、名刺大のフィルムにプリントされている、印刷学会出版部発行の線数メーターを使っていて、網目印刷物の上に重ねた線数メーターを回転したとき、線数メーターの上に現れるモアレの位置でスクリン線数を読み取るなど、いずれも合理性のある方法で結果を得ています。

4　チェッククライター印字

領収証の金額欄に押される凹凸文字（エンボス文字）の数字や記号が検査の対象となるのがチェックライター印字の鑑定です。

エンボス文字や記号には字形や記号の形ばかりでなく、機器の構造や押圧条件の影響があることから、神奈川県警科捜研の渡辺幸男技師はチェックライターのメーカーを訪れて、凹凸文字の製法や字形、機器の構造に関する情報を収集し、その成果を報告しており、神奈川県警と福井県警の科捜研はチェックライター印字の中の「¥」や「※」記号の検査用に交差斜線図形を作図し、文書鑑定用平面幾何図形の一つに加えています。

印字鑑定は、タイプライター印字からパンライター、ワードプロセッサ、パソコン文字と時代の流れに沿って対象が変わり、そこに新聞活字、写植文字、図書や雑誌の活字やチェックライター印字が加わり、事件も凶悪犯罪から詐欺事件に至るまで多種多様ですが、パソコンが登場する以前の鑑定では、検査の過程においてはすべてに銀塩写真が使われていました。したがって、写真撮影からプリントを経てはじめて検査に着手することになり、本来の検査以前の準備に多くの時間が費やされていました。

今日の印字鑑定は、画素数の大きいＣＣＤカメラで検体となる印字を撮影して、それをパソコンに読み込んでおり、対照資料として収集してある文字データによる検索が行われています。

また、画像処理ソフトを使って比較検査の結果を画像で示すなど、検査に流れがあって、短時間で結果を得る検査法がシステム化されているのが今日の印字鑑定です。チェックライター印字の対照資料としては、著者と石原正忠技官が、多くの「チェックライター印字見本」を鑑定のための対照資料として科警研報告に連載しています。

Ⅲ　フォトコピーの登場

一九五五（昭和三〇）年、理研光学工業社がジアゾ写真方式の「リコー１０１」（商品名「リコピー」）を発売したことで手書きの文書がそのまま複写ができるようになっています。リコピーは透写式プリントでしたが、一部を改ざんした文書や原本のコピーのように見せかけた偽造文書が出まわっていました。

一九六二（昭和三七）年、富士フイルムはイギリスのランク・ゼロックスとの合弁会社富士ゼロックスを設立して、電子写真方式のコピー機を登場させましたが、一九七〇年代にコピー関連の基本特許の期限が切れたことから、キヤノン、リコー、ミノルタ、コニカなどのコピー機が次々に登場して、電子写真方式のコピーが犯罪に関与する時代が到来しています。

初期の電子写真には、セレンを感光体とする間接電子写真方式のゼログラフィーと、酸化亜鉛を紙面に塗布した感光紙を使う直接電子写真方式のエレクトログラフィーがあって、前者はゼロックス、後者はエレファックスと呼ばれていましたが、その後、各社がゼログラフィー方式のＰＰＣ（プレンペーパーコピー）で普通紙を使うようになったことから、感光紙を使うエレクトログラフィー方式のコピーは、コピーの世界から消えています。

近年、コピーといえばほとんどがデジタルフルカラーコピー（俗にいうカラーコピー）を指していますが、初期のころにモノクロコピーと呼んだ白黒の電子写真コピーは、光導電性と静電気を利用した画像形成で、

① 帯電：コロナ放電（先端が箒状に開く放電）によって感光体の表面に電荷を均一に与える

② 画像露光：原稿となる文書を照明し、反射光を感光面に照射する（原稿の白い部分の電荷がなくなって、静電潜像ができる）

③ 現像：静電気の作用でトナーと呼ぶ超微粒子の着色剤を潜像に与える

④ 転写：感光体上にできたトナーの画像を静電気の作用で紙面に転移する

⑤ 定着：トナー画像が転移した紙を定着ローラーで加熱し、トナーに含まれている樹脂を溶融して画像を紙面に固定する

の過程で複写が行われています。

モノクロームのコピー画像は超微粒子の画像形成材（トナー）の集合体であるため、筆跡のはらう運筆やはねる運筆の線端が原稿のとおりに再現されにくいことや画線が密集している部分では隣り合った画線が接するなどがあって、それらが文書鑑定に支障をきたすことが少なくないため、法文書では、多くの場合フォトコピーを文書鑑定の対象から除外しています。

Ⅳ　デジタルフルカラーフォトコピー

日常的に使われているカラーコピーにはゼログラフィー方式のレーザーコピーとインクジェットコピーのように、画像の形成方式が異なるものがあります。どちらもシアン（C）、マゼンタ（M）、イエロー（Y）の減色法三原色のトナーやインクを使っており、暗部の再現性を補うために黒インクを使い、色再現の補助としてライトマゼンタやライトシアンを使っていますが、その他の色インクは全く使われていません。

カラーコピーの画像は、C・M・Yの単色のインクで作成された各色の画像を重ね合わせたもので、複数の色インクを混合したものではありません。

このことは、鑑定を申し立てる側においても知っておかねばなりませんが、私的鑑定人においては、この画像形成を知らない者が一人や二人ではなく、カラーコピーの印影が朱肉による押印印影と同様に扱われている例が少なくありません。

カラーコピーの各色は、次の複数の色の組み合わせで現わされていて、その他の色は全く使われていません。

赤＝M画像＋Y画像、緑＝C画像＋Y画像、青＝C画像＋M画像、黒＝黒インクまたは（C＋M＋Y）＋黒、白＝用紙の白。

カラーコピー画像における明暗の再現をみると、薄い色のところ（明るい部分）は微細なインク粒子の密度が低く、濃いところ（暗い部分）はインク粒子の密度が高くなっています。

さらに、カラーコピー画像は二値化（デジタル化）されており、インクが不要の部分は「0」、インクが必要な部分は「1」で表わされていて、インクの濃淡は全くありません。

筆記具で書いた筆跡や朱肉で押した印影はアナログ画像（一〇進法）ですが、フォトコピーはデジタル画像（二進法）ですから、肉眼では同じように見える筆跡や印影の画像であっても、フォトコピーの画像は原本の画像と全く違った階調のない画像として現出されていることになるのです。

カラーコピーの画像は微細なインクの点の集まりでできていますが、各インクの点は色再現のために少しずつずらして重ねられています。原理的には新聞のカラー写真と同じですが、それらの画像の状態はコピー機のメーカーによって違っていて、同じメーカーであっても機種によって異なっています。

鑑定資料としてカラーコピーの文書が提示されたことから、それを使った私的鑑定人もいますが、その鑑定書が審理の場で、本来の争いとは別に信頼性に関する問題を起こしていて、判例は、

「それらには信頼性がない」や、

「フォトコピーの本質は依然として写しである」

としています。

このようなことから複製文書と名の付くものは、ほとんどの場合に文書鑑定の対象にならないことは、すべての人に認識されねばなりません。

原稿から複製される文書にはファクシミリ（ＦＡＸ）の受信文書もあります。

電送されて出力されるファクシミリの受信文書には、送受信の際に生ずるジャギー

があり、それをスムーズにしたもの（スムージング処理）でも、それは筆跡と全く違う二値化図形に過ぎないことは知られねばなりません。

ジアゾ写真からモノクロコピー、カラーコピーと世の中の文書の複製方式が高度化してきていますが、文書の作成方法の進歩に合わせて鑑定の対象としての適性の有無を判断し、使用の可否を定めているのが今日の法科学分野の文書鑑定です。

V　感圧複写文書

複製文書にはカーボン複写や感圧複写などの「同時複写」と呼ぶ物理的な複製方法の文書もあります。

過去には二枚の用紙の間にカーボン紙を挟んで一枚目の表面に文字を書くカーボン複写が主流でしたが、今日では複写方式が異なる数種のものがあって宅配便の送り状やローンの申込書などはその代表といえるでしょう。

従来のカーボン紙は硬質ワックス（ロウ分）、軟質ワックス（パラフィン類）、油分（不乾性植物油または鉱物油）、色素（赤または青の顔料やカーボンブラック）と色素溶解剤などを混和したものを麻繊維が主体の上質紙に塗布したもので両面用と片面用があって、複数の記載用紙の間に挟んで使用していましたが、今日の感圧複写紙はそれと機構が全く異なるものです。

感圧複写紙は三枚重ねの場合には専門用語で、上から順に上用紙、中用紙、下用紙と呼びますが、それらは構造の違いから次のように分かれています。

①　裏カーボン紙：上用紙の裏にカーボンがワックスで塗布されていて、筆圧でワックスの被膜が破れて、カーボンの転移で下になる用紙に文字が書かれる

②　セルフコンテインド紙：紙質繊維の中にインキを抱合した無数のカプセルが散在していて、筆圧でカプセルが破れて、下になる用紙に文字が書かれる

③　ブラッシュコーテッド紙：紙面に暗色コーティングをし、その上にスポンジ状の不透明な特殊コーティングをしたもので、筆圧で表層のスポンジ状コーティングが透明となって、下層の暗色コーティングで文字が現れる

④　ノーカーボン紙：発色材が封じ込まれた数ミクロンのカプセルを塗布した用紙とクレー質の発色反応剤を塗布した用紙が一対となっていて、筆圧で両紙に塗られた物

質が化学反応し文字が現れる
感圧複写紙にはこのように構造の違いがあるので、鑑定ではその種類を明らかにすることが先決です。

これは上用紙に書かれている文字は筆跡の原本であるのに対し、中用紙や下用紙に書かれている文字は間接的に書かれた文字に過ぎないからで、筆跡が複写された複製画像に過ぎないからです。

感圧紙に書かれた筆跡については、構造の違う四種類の感圧紙を使って、成人男女数人に強い筆圧で文字を書くように依頼し、一日二回、一〇日にわたって文字を採取したものを、ボールペンで書かれた上用紙の筆跡を基準として中用紙と下用紙に書かれた筆跡の再現性を検討した実験があります。

結果をみると中用紙の筆跡においてすでに基準筆跡との違いが現れていて、筆跡鑑定に影響を及ぼす面がありましたが、下用紙の筆跡ではそれが増幅されて筆跡の異同識別が困難な部分が検出されています。

この種の複製文書の中用紙や下用紙の筆跡では、再現状態が良いものであっても、そこで得られるのは字形でしかなく、特に終筆部のはねやはらい、あるいは筆脈の連続運筆などは再現状態が大きく低下し、字画の状態を把握しにくいものがほとんどです。

前記の各感圧紙では、筆者識別の検査が困難で、結果を得難いなどがあって、文字は読めても感圧複写文書は鑑定資料としての適性を大きく欠き、検査に利用できない点が多いことは認識されねばなりません。

Ⅵ　印刷版式と印刷方式の違い

印刷物の偽造といえば第一に有価証券が挙げられますが、鑑定ではさまざまな印刷物が登場しています。

偽造印刷物の鑑定は印刷版式の識別と印刷方式の識別とになりますが、真偽の多くは印刷版式で決められています。

印刷版式には凸・凹・平・孔の四版式があって、それぞれが目的に応じて使い分けられていますが、銀行券や有価証券類は偽造防止の観点から二種類の版式を使っており、主な図柄には凹版が使われています。
印刷版式の識別の要点は、

①凸版：印刷版と紙面が密着するとき、版面の凸部に着いたインキが押し出されてマージナルゾーン（周辺帯）ができる

②凹版：紙面にインキが盛り上がっている

③平版：画線の縁にボケがある

④孔版：版材の痕跡が画像内にある

などで、これらの検査は実体顕微鏡での目視による官能検査であることはいうまでもありません《著者注：印刷界では顔料とワニスを練り合わせたものが印刷用インキ、筆記に使うインクとは違うとされている》。

近年の印刷には、オンデマンド印刷と呼ぶものがあります。

印刷版を使わずにパソコンからデータをオンデマンドプリンターに転送して印刷するのがそれで、レーザープリンターやインクジェットプリンターから出力される文書はコピーではなく、オンデマンド印刷に当たるといわれています。

第五章
複製文書鑑識

一九六〇年代の文書鑑定ではソフテックスや赤外テレビが採り入れられたことから、目視的官能検査に自然科学的検査が加わりましたが、その後は、印刷用紙と印刷インキはいつも蛍光Ｘ線分析やＸ線回折などによる自然科学的な分析が行われています。

近年、法文書では文書鑑定工学的検査が頻繁に行われていて、都道府県の科捜研にはイギリス製ＶＳＣ－６００、オーストラリア製ポリライトＰＬ５５０、アメリカ製ＣＲＩＭＥＳＣＯＰ、ドイツ製Ｍ２０５ＣやＤＦＣ５５０などの文書鑑定用の器材が整備されていて、可視光線から波長範囲の狭い光を取り出して使用するなど光分析的画像検査が非破壊検査の一つとして文書鑑定工学的に行われています。

印刷物の鑑定においては、従来に比べてより高度の鑑定が行われており、兵庫県警科捜研開発の多機能の光学的鑑定機器イスクド（＊47）は今日、全国の科捜研に配備されているそうです。

イスクドでは多種類の光源が用いられていて、透過像や反射像の検査にはキセノンランプ、赤外像には三種類の赤外ＬＥＤ、蛍光像にはＵＶランプが用意されていて、それらはスカシやスレッド、蛍光インクや用紙、赤外インクなどの形状や色彩などの検査に用いられています。

イスクドには他の器材にみられない特徴があります。

それは銀行券や証券などの情報を内蔵していることで、これらの検査では対照資料を必要としていません。

一方、印刷物には版式のほかに印刷方式の違いもあります。

スクリーンを用いたオフセット印刷や凹版のグラビア印刷がそれですが、それらは商品券や株券の偽造などで鑑定例は僅かでしかありません。

特に銀行券や旅券に使われているザンメル方式やレインボー方式の印刷などは、市中の一般印刷機では印刷ができないことから、ザンメルやレインボーを使った偽造印刷物は全くありません。

Ⅶ 【複製文書の鑑定例】

1 法曹雑誌にある事件例

フォトコピーは原稿を簡単に、しかも忠実に複写ができ、社会的信頼性もあることから、日常生活の場で頻繁に使われているため、コピーを使った偽造事件が相次いでいますが、法曹雑誌には次のような例が挙げられています。

① 熊本地裁（昭三八、一二、一一）：学歴を偽って就職しようとした被告は、F高等学校長の記名と押印のある他人の卒業証書を手に入れ、氏名と生年月日欄の文字をインク消しで抹消した後に自分の名前と生年月日を書き込んで、改ざんした卒業証書を行使したもの

② 東京地裁（昭四九、二、二二）：厚生大臣の記名印と公印が押されている知人の衛生検査技師免許証をコピーして、本籍、県名、氏名、生年月日に白紙を貼ってそこに自分の本籍、県名、氏名、生年月日を記入し、これを再びコピーしたものを真正の免許証の写しと称して就職先の病院に提出したもの

③ 名古屋地裁（昭四八、四、五）：他人の診療X線技師免許証の原寸大の写真から本籍、氏名、生年月日を切り抜き、そこに自分の本籍、氏名、生年月日を書いた紙を貼り付け、発行年月日と登録番号を改ざんしたものをコピーし、就職先の診療所に提出

したもの

④　東京地裁（昭四九、二、二六）：保険会社から多額の保険金を受け取ることを企て、虚偽の内容を記載した交通事故用紙に、真正な交通事故証明書から警察署長の記名印と公印が押されている部分を切り取って貼り合わせ、虚偽の交通事故証明書を作成し、これをコピーして保険会社に提出したもの

⑤　福岡地裁（昭四九、二、一九）：農地転用手続きの代行業の被告は、市長名義の申請の開発行為許可通知書をコピーして住所、氏名を改ざんし、これを再度コピーして農地転用手続書に添付して農地委員会に提出したもの

⑥　旭川地裁（昭五〇、三、三一）：行政書士の被告人は、あらかじめ用意していた所定の供託書用紙に、供託者の住所、氏名、供託金額、供託金受領年月日などを記入し、これに真正の供託金受領証から供託官の記名、押印部分を切り取ったものを貼り合わせてコピーし、あたかも法務局の供託官が作成した文書のように見せかけて、これを役所の建築指導課に提出したもの

などのほか、数々の事件があって、どれも写真的手法で複写されていることから、

判決ではこれを写真コピーと呼んでいますが、社会一般では同じものをフォトコピーと呼んでいます。

2　県知事の収賄事件の検査結果のやりとり

一九八四（昭和五九）年の三、〇〇〇万円の受託収賄事件では、宮崎県知事が書いたとされる領収書に使われている罫線紙と贈賄側の建設会社が使っている罫線紙が同じ印刷版で印刷されたものかどうかが争われていました。

この鑑定では、罫線の状態がほぼ一致していましたが、それだけで印刷版が同じとすることはできません。

検察官は図形が同じなら印刷版は同じだろうと迫っていましたが、鑑定ではそうはいかないのが現実です。

切手や収入印紙は一枚のシートに並べて多くの同じものが印刷されていますが、印刷版面では個々の収入印紙は印刷版面の違う位置に配置されています。しかし、収入印紙を一枚ごとに切り離して比較すると、その図形は一致しています。

「図柄が一致しているから印刷版が同一とは認められない」が答えです。

ちなみに、日本銀行券も大判で印刷して切り離したものですが、図柄はどれも同じでということになります。

このようなことから、印刷された図柄が同じだけでは、印刷版の異同を云々することができないことは理解されねばなりません。

第六章

通貨鑑識

I　歴史的に見た贋幣事件

文書研究室の事務分掌には「……偽造通貨の鑑定に必要な技術の研究及び実験に関すること。＝中略＝偽造通貨の符号の制定に関すること」とあって、通貨鑑識の業務は国家公安委員会規則の「偽造通貨取扱規則」に定められています。

偽造らしいといって警察に届けられた通貨（貨幣、銀行券、国外通貨）は都道府県警察の科捜研で真偽が確かめられた後、偽造またはその疑いがあると判断したものは規則に従って科警研に送られます。

科警研はそれを、過去に発見されて対照用として保管されている偽造通貨と照合し、新たに発見したものには新しい符号を付けています。これは国内で使われた偽造通貨相互間の関連性を把握するための集中鑑識で、このような規則（国家公安委員会規則）があるのは偽造通貨と銃器弾丸類だけです。

歴史をさかのぼってみると、七〇八（和銅元）年にわが国初の官銭といわれる「和同開珎」が登場したときに早くもニセ金が現れていたようで、私鋳銭禁止令が出されています。このことからみるとニセ金の歴史は千数百年も前に始まったといえるでしょうが、それ以前の七〇一（大宝元）年の文武天皇の大宝律令には、主犯は斬（ザン）、共犯は没官《モッカン》、家族は流刑《ルケイ》の罰があり、徳川時代にはニセ金やその行使人は市中引き回しの後、磔《ハリツケ》にされたなどがあります。

和同開珎などの皇朝十二銭は銅を素材として銭司（現造幣局）で造られていたようですが、今日のようなプレスではなく鋳造が製造方法だったとあります。この鋳造の技術は徳川時代の銭座（別名：鋳銭座）が引き継いで、明治時代に近代的加工法が登場するまで続いていたようです（＊48）。

現在の貨幣は圧延した板金素材に文字や図柄をプレスした後、回転方式で艶出しをしていますが、今日でも偽造貨幣の大部分は鋳造ですから、貨幣の偽造に関しては千数百年もの間、手口が変わっていないといえるでしょう。

一方、紙幣はというと、江戸時代の一六一五（元和元）年に伊勢山田の商人が紙面に金額を墨で書いた「羽書」（「端書」の説もある）と称する手形を、銀銭と引き換えに発行したのに始まったといわれます。

その後一六六一（寛文元）年には、越前の福井藩が領内で使う藩札を発行していますが、一七〇〇年代にはこれが全国に普及していて、一八七一（明治四）年に明治政府が藩札を回収したときには、二四四藩の藩札があったそうです。

藩札の多くは黒一色の木版印刷で、一部には幕府管理の朱肉を使って贋札防止策としたものもあったようですが、当時の真偽判別法を記したものは見当たりません。

一八六八（明治元）年、明治の新政府は太政官会計局から太政官札を発行し、翌一八六九（明治二）年には、民部省が民部省通商司金札を発行しています。

わが国初の中央政府紙幣でしたが、その贋札は非常に多かったそうです。

政府は民部省案の「贋模紙幣巡察順序」を取り入れて刑罰を重くしましたが、この時代には清国（現：中国）で偽造してそれを日本に持ち込んだものもあったことから、政府は役人を上海に送って犯人を捜査し、偽造印刷版一〇枚を押収したとあります。

一八七〇（明治三）年、政府は新時代の紙幣を作るために、在日ドイツ公使フォンブラントの紹介でフランクフルトのドンブル社とノーマン社に紙幣の印刷を依頼しており、一八七二（明治五）年にこれを新紙幣と呼んで発行しています。

七×一一センチの縦形の紙幣で、表が二色、裏が一色でしたが、印章や朱色文字の記入は紙幣寮（現印刷局）が管理していて、日本国内で行っていたようです。

これがいわゆるゲルマン紙幣です。

この紙幣が発行された五年後には、大阪で租税の納金の中から数万円にのぼる二円の偽造新紙幣が発見されています。大蔵省出納局長の依頼で警視庁が捜査し、一八七九（明治一二）年九月一五日に、大阪の豪商藤田伝三郎らを逮捕しましたが、これは元藤田組の使用人木村直三郎の妄想によるもので、誤認逮捕であったことから、同年一二月二〇日に藤田らは無罪放免となっています。

この事件ではその後、神奈川県で画工の熊坂長庵が逮捕されていて、贋幣八一五枚と贋造器具一式が押収されています。

熊坂は二、八〇〇余枚を印刷して二、〇〇〇枚を使った罪で無期徒刑となっていますが、この事件は明治三大疑獄の一つといわれ「藤田組贋札事件」と呼ばれています。

この事件の判決文には、

「裁判言渡書、神奈川県相模国愛甲郡中津村十七番地、熊坂長庵、三十八年十ヶ月、其方儀明治十年二月頃ヨリ内国通用二円紙幣ヲ偽造セント発意シ継テ之ヲ偽造シ爾来遊蕩ニ漫遊ニ其他處々行使シテ本年ニ至リタル事実ハ司法警察官ノ調書豫審掛リノ調書高座郡田名村平民鈴木熊五郎カ始末書及ヒ其方ノ自宅ニ現存セシ偽造紙幣並ニ偽造ノ用ニ供シ又ハ其用ニ供スベキモノト認メタル器具用紙等ノ充分ナル證拠ニ因リ認定セラレタリ因テ刑法第百八十二条初項ニ照ラシ無期徒刑ニ處ス（後略）、明治十五年十二月八日、神奈川県重罪裁判所ニ於テ」

とあります。

この贋札は、印刷を利用したわが国初のニセ札だったといえるでしょう。

このニセ札一二枚が日本銀行に残されていて、ＮＨＫの企画でこれを分析することになりました。ＮＨＫの「歴史への招待」というＴＶ番組です。

模様の違いから一二枚のニセ札は三つのグループに分かれましたが、これは印刷版が三種類あったことを意味しています。

明治のはじめに紙幣の印刷をドイツに注文していたことから考えると、このニセ札は当時の世間を欺くのに十分だったと考えられます。

真券は凸版印刷なのになぜかこのニセ札は凹版印刷でした。

このニセ紙幣にX線回折を試みましたが、真券はセルロース（繊維素）だけの純粋の和紙であるのに、ニセ札は填料のカオリン（顔料）を含んだ一般の紙で、ここにも違いがありました。

最後にX線透過写真を撮ってみたら、真券の「契印」と番号にはX線の吸収があって、フィルムに印章や数字の画像が写し出されましたが、ニセ札からは何も検出されていませんでした。

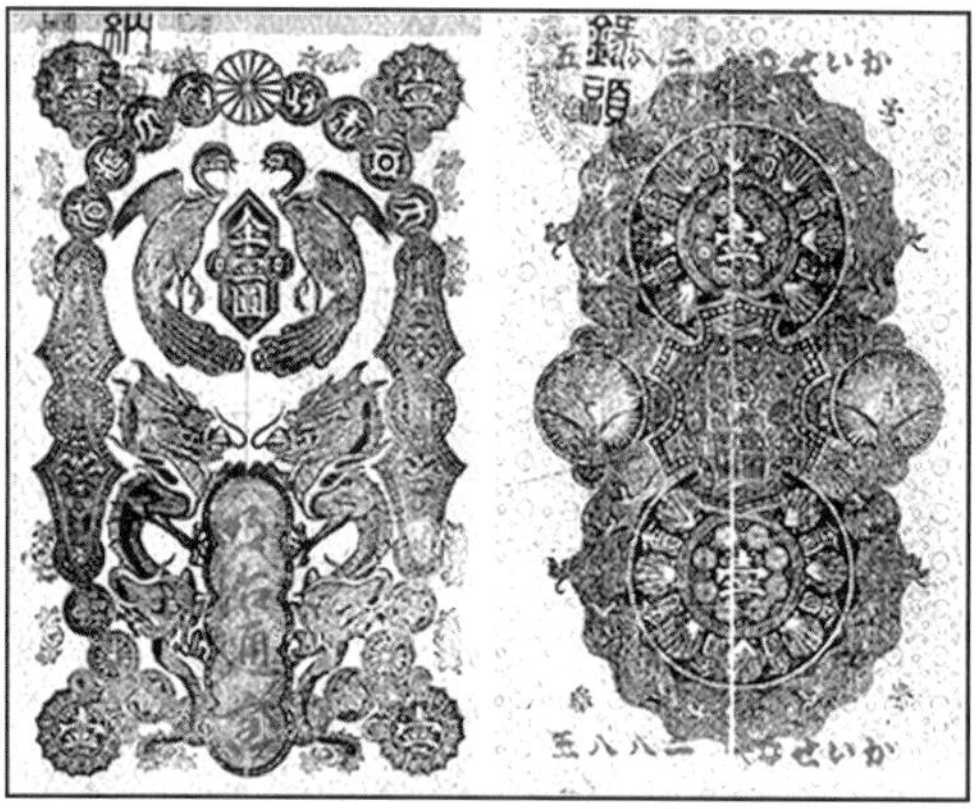

図11　明治の三大疑獄の一つといわれる「藤田組贋札事件」の
偽造ゲルマン紙幣、わが国最初の印刷偽造券
左：真券、右：偽造券

第六章
通貨鑑識

科警研資料課の参考資料室には、朱色の罫紙に墨で縦書きした「皇国造幣局第二八一号覚書」と題する、試験方デイロンあての一八七七（明治一〇）年八月一六日付の造幣局長石丸安世の鑑定依頼書がありました。結果の報告は二日後の八月一八日で、造幣局長あてに「此の贋造一円は千分中六分の金を以て鍍金したる銅製貨幣に有候也、試験方デヰロン」と記されています。当時の貨幣鑑定は在日外国人のディロンによって行われていたようですが、デイロンの報告書は候文で書かれています。

紙幣に関しては、一八七六（明治九）年一二月二六日付で、三井銀行と印刷された罫紙に縦書きで太政官壱両札一枚の検査結果として「贋札であるため斬裁の上お届け申し上げる」とした山口県庁第四課あての文書がありましたが、ここには鑑定人三井銀行松田松輔の署名が書かれています。

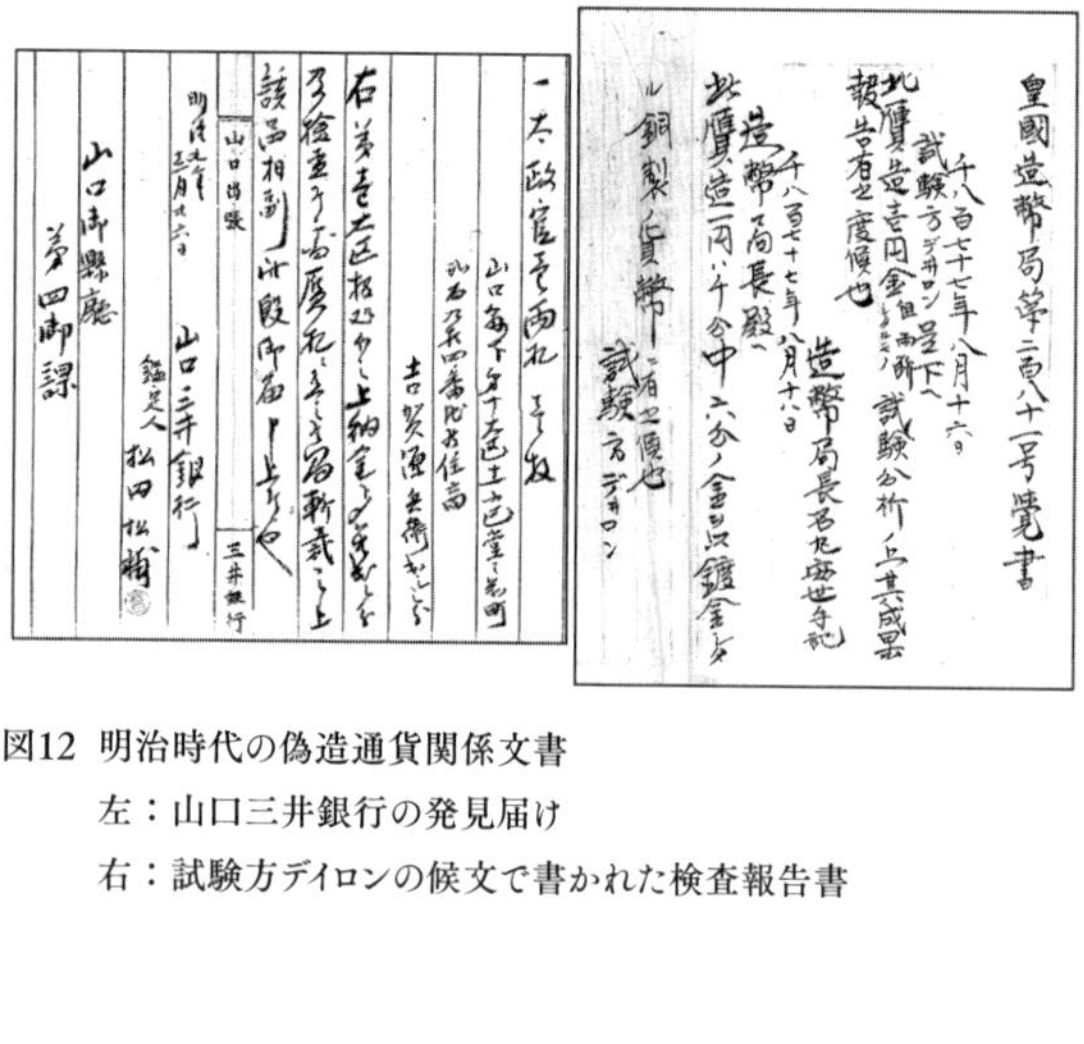

図12　明治時代の偽造通貨関係文書

左：山口三井銀行の発見届け

右：試験方ディロンの候文で書かれた検査報告書

これらのことからみると当時の偽造通貨の真偽鑑定は警察でなく、造幣局や銀行が行っていたようです。

神田の古本屋で偶然手に入れた一九二九（昭和四）年五月一二日脱稿とある、内務省警保局嘱託山鹿義教著の「日本贋幣鑑識法」（＊49）は、赤色で内務省と印刷されている罫紙三百十一枚に毛筆で縦書きされていました。

同書には「一昨年から内務省警保局嘱託として」とありますから、警察では昭和のはじめに贋幣の鑑識を始めたようです。

同書の鑑識法には、舌端鑑識法、嗅香鑑識法、試金石鑑識法などとあって、そこには、

一見　試験貨幣や紙幣を一見し目に映じたる感じを以て真贋を識別
舌端　舌端の感覚により真贋を判別
手障り　手にて障り、真貨と比較して判別
音響　槌音又は風音により真貨を比較して判別
香　真貨の香りと一致するか否やにより判別

などの説明がありますが、これが鑑識法といえるでしょうか。

同書には「地下鉄道の乗車は入場の際に十銭白銅貨の投入によって輪の回転となれり。茲に、大略同形同量のものを投ぜば有効に回転す。然れば、地下鉄道の入場の際、投ぜるものには各種のもの発見さる」とあり、「是等の被害を少なくせんには入れたる貨幣は直ちに監視の目に触れ然る後に切符を渡す主義の機械と改良するの必要あり」と記されています。

鑑識法といい、自動販売機の改良案といい、このような人物が内務省の嘱託として通貨の真偽判定に当たっていたと思うと、肌寒い思いがしないではありません。

投入貨幣をいちいち監視していたのでは自動販売機にはならないでしょう。

その後、やはり神田の古本屋で入手した一九三三（昭和八）年発行の山鹿義教著の「贋造通貨」には、内務省警保局警務課長宮野省三の序文があって、そこには、山鹿は一九二七（昭和二）年一二月一三日、内務省嘱託とあり「内務省にありては、廳府縣より送付の贋造通貨を鑑査し」とありますから、内務省警保局はそのころになって偽造通貨の集中鑑識を始めたようです。

II 今日の偽造通貨の集中鑑識

通貨の集中鑑識は一九四八(昭和二三)年に国家公安委員会規則が制定される以前から行われていて、偽造通貨を発見した都道府県警察は偽造貨幣発見表や偽造紙幣発見表でその状況と内容を関係方面に通知しています。

第二次世界大戦後の当時は、内務省警保局と印刷された贋幣専用紙を綴った台帳に発見状況が記録されていて、通貨の種類、発見場所、年月日、年銘、記番号、同種のものの発見状況、偽造方法などが記載されています。

この発見記録はその後科警研に引き継がれていますが、一九六一(昭和三六)年、当時の文書研究室長岡田鎮の提案で偽造通貨の管理が大きく変えられています。同年三月一日付科警研規定第七号(*50)がそれで、従来は発見順に帳簿に追記していた内容を、貨幣と紙幣や銀行券に分け、カード化によって管理の効率化を図っています。

一九四八(昭和二三)年以降に発見された偽造通貨には、価額と発見順に符号が付けられています。この符号は科警研の「偽造通貨符号制定規定」によるもので、紙幣や銀行券には一万円「和（わ）」、千円「千（ち）」、百円「呂（ろ）」、十円「伊（い）」などの漢字一字と、（）内のひらがなの発音が定められています。

銀行券のうち、同一価額で種類が違うものには、例えば千円券では肖像が聖徳太子のものは「千」、伊藤博文のものは「千C」、夏目漱石のものは「千D」、野口英世のものは「千E」のように、漢字の次に日本銀行が形式の違いを示すために使うアルファベットを付けてそれらを区別しています。

一方、貨幣では、硬貨を示す「硬」の符号をつけた後に、一〇円はC、五〇円はD、一〇〇円はE、一〇〇〇円はFなどのようにアルファベットが付けられていますが、一〇〇円と一〇〇〇円の間を空けておく意味で（新価格の発行を予期しての措置）、五〇〇円はKとされています。

外国通貨の場合は、銘価額の前に「外」字を冠し、その後にＩＣＰＯが定めた国別記号を付けていて、例えばアメリカドルでは「外」の次にＩＣＰＯ記号の「ａｍ」を付けて「外ａｍ〇〇ドル」としています。

Ⅲ　通貨鑑識の問題

1　偽造銀行券事件の変遷

第二次世界大戦後の一九四六（昭和二一）年以降は次々に新札が登場していますが、一年後の一九四七（昭和二二）年には早くも一〇円と一〇〇円の偽造銀行券が行使されています。

戦後のニセ札をみると、横綱は何といっても聖徳太子像の千円券（B号千円券）でしょう。一九五〇（昭和二五）年一月七日に誕生して、一九六三（昭和三八）年一一月一日に伊藤博文像の千円券（C号千円券）にバトンタッチをするまで「聖徳太子」の名で呼ばれ、一九五五（昭和三〇）年には日本銀行券発行高の八五％以上になったことから考えても、この偽造券が横綱になったのは不思議ではありません。

その第一号は真券が発行された三ヶ月後の一九五〇（昭和二五）年四月に早くも登場しています。この偽造券は写真製版による凸版印刷で、京阪神一帯で一五〇枚余りが行使されていますが、犯人は逮捕されていません。

一九五〇（昭和二五）年三月には、山梨県で元小学校長の橘田と元陸軍少佐の大村を主犯とする二二人の偽造団が通貨偽造を企て、一年後の一九五一（昭和二六）年三月には一万二、〇〇〇枚もの偽造千円券を印刷していました。スカシがある手の込んだものでしたが「偽券は平版印刷で不鮮明であり、記番号は不ぞろいである」や「指でこすると簡単に印刷がくずれる」などで、精巧などといえるものではありませんでした。大がかりな偽造団でしたが数ヶ月後に一味全員が逮捕されています。

一九六一（昭和三六）年一二月七日に最初の一枚が日本銀行の秋田支店で発見されてから、二年余りの間に三四三枚が使われた「千―三七号」偽造千円券は、写真製版の利用で表裏が真券と同様に凹版と凸版で刷られていて、印刷版式や色彩が真券と同じでした。

数々の欠陥が偽造券発見の手がかりとして公開されていましたが、犯人の逮捕に至らぬまま時効を迎えています。

この偽造券には「日銀」の文字と桜の花のスカシが偽造されていましたが、これはスカシではなく、油で印刷したもので、紙の透明度を変えたものに過ぎませんでした。

第二次大戦後の偽造券はどれも「真券とまったく同じで極めて精巧な偽造券」と報じられていますが、今日までに真券と見分けがつかないほど精巧な偽造券の例はなく、印刷技術や精度は市中の商業印刷物とは比べられないほどお粗末な代物でしかありません。

科警研には新たに発行される貨幣や日本銀行券の見本が、当時の大蔵省理財局から送付され、根拠法令とともにその形式の詳細が知らされていました。

一九八五（昭和六〇）年七月一五日、科警研はこの内容を都道府県警察の科捜研に知らせるために、アメリカ合衆国の連邦準備券（米ドル）を含めてそれらの詳細を記載した「偽造通貨鑑定検査法」（＊51）を発行しています。

一九四七（昭和二二）年以降昭和三〇年代の前半までは、印刷偽造の銀行券が八五％以上を占めてきていますが、それ以降は印刷偽造は下降の一途をたどっていて、簡易印刷やフォトコピーが増加しています。

カラーコピーの普及に伴ってコピーの偽造券が取りざたされましたが、今日の銀行券には、世界各国の銀行券が共通で用いているユーリオン（立石電機が開発したニセ札防止策）が施されており、スキャナーや複写機はユーリオンを感知する機能を備えています。自動販売機も同様に感知機構を備えていて、真券以外の偽造券は受け付けません。

図13 日本銀行一万円券の表面の一部
上：現在の国立印刷局製（枠で示す部分や裏面にダミーと一緒に"ユーリオン"が印刷されている（一万円以外の銀行券にもあり、これは万国共通）
下：大蔵省や財務省当時の銀行券には"ユーリオン"はない

偽造通貨事件のなかには、印刷のヤレが出過ぎて市のゴミ捨て場に投げ捨てたことからアシが付いたドジな事件もあります（＊52）。

一九八二（昭和五七）年に兵庫県の園田競馬場をはじめとし、兵庫と大阪一帯で合計四八枚が使われ、大分市のゴミ捨て場に大量に投げ捨てられていた「利－一五号」五千円券偽造事件がそれで、抱えられないほど大きな麻袋三四袋に、大判に印刷した五千円札の完成品七万六、〇〇〇余枚、未完成品一万四、七〇〇余枚、図柄を取り分けた五千円札の各大判印刷版一七四枚とその焼き付けに使った大判のフィルムなどが発見されていましたが、この事件の主犯の印刷会社の社長をはじめ、偽造に関わった一味は間もなく逮捕されています。

2　関係者が知らなかった日本銀行券の暗証符号

通貨鑑識には変わった話題もあります。

偽造通貨ではありませんでしたが、結果が分かるまでに著者をはじめ日本銀行や印刷局の関係者を手こずらせた銀行券があります。

聖徳太子が肖像の五千円券がそれで、検査では真券と認められましたが、表面の左にある唐草模様の中の線が見本の日銀券に対して一本不足していました。

大蔵省理財局から提供されている見本券には線が三本あるのに、問題の五千円券では上方の二本だけで、下の一本がありません。

日銀本店の発券局に尋ねてみましたが、ここではその理由が分かりませんでした。手近にあった多数の真正五千円券を調べてくださいましたが、二本のものは見当たりませんでした。

こうなったら製造元の印刷局に尋ねるしか手がないとなって、王子の印刷局研究所を尋ねてみましたが、そこでも、そんなのは知りません、が答えとなってしまいました。現場の滝野川工場に尋ねてくださいましたが、現場でも分からないということです。

製造元の本家でも分からないというのはどうしたことでしょう。

「調べて後ほどお知らせします」ということになってしまいました。

数日後に答えがあって、滝野川工場ＯＢの角井さんという人が知っていたといいます。

問題の五千円日銀券は九九%以上が小田原工場で印刷されていますが、都合があって一年ほど滝野川工場でも印刷をしていたことがあったそうです。

そのときの印刷現場では、小田原製と滝野川製を区別する暗証符号として、滝野川製を二本にしていたそうです。現場だけのことなので報告はしていなかったそうです。誰も知らなかった問題が解けましたが、全体の一%に満たない印刷枚数から考えると、発見者が気付いたのが不思議といえるでしょう。

3 多彩な偽造貨幣事件

貨幣(俗にいう硬貨)の偽造方法は昔から変わりがなく、第二次大戦後の偽造貨幣の九〇%以上が鋳物です。

孔なしの五〇円ニッケル貨が登場したのは一九五五(昭和三〇)年六月二〇日でしたが、二年後の一九五七(昭和三二)年一一月には、鳥取県で、この五〇円の偽造事件が起こっています。

犯人の山川は貨幣の鋳型を造ってそこに金属を流し込んで五〇円貨幣を一五〇枚ほど偽造していましたが、間もなく逮捕されています。

翌一九五八（昭和三三）年九月には滋賀県でも偽造五〇円貨幣事件が起こっています。犯人の乙村は板金の金型で三〇〇枚近くの五〇円貨幣を鋳造して、二一〇枚を使ったところで逮捕されています。

一九六四（昭和三九）年四月には広島県を中心に瀬戸内海を囲む一帯で起こった偽造五〇円事件は、鋳型の特徴が以前の鳥取事件の犯人山川のものと同じでした。捜査はかつての犯人山川に向けられましたが、当の山川は鳥取刑務所に服役中でした。この捜査では山川が真犯人の乙村に貨幣の偽造方法を教えていたことが分かって五月に入って間もなく乙村は逮捕されています。

乙村は服役中に山川から習った方法で鋳型を造って七〇余枚の偽造五〇円と一〇〇円貨幣を鋳造していたのでした。

戦後の貨幣偽造事件は鋳型の違いこそあれ、どれも鋳造ですから、偽造の手口は千年以上前のニセ金作りと何ら変わらないといえるでしょう。しかし、近年の偽造貨幣は、どれもが溶けやすい鉛合金ですから、明治以前のニセ金が銅合金であったのに比べると、素材に限っては昔のほうが一枚上といえそうです。

一〇〇円貨幣が発行されたのは一九五七（昭和三二）年でした。

偽造五〇円事件はあっても一〇〇円貨幣は騒がれずにきていましたが、一九六〇（昭和三五）年四月、大阪市浪速区で一枚の偽造一〇〇円貨幣が発見されたのをきっかけに、大阪市内の雑貨店、たばこ屋、当時大阪に多かった地下鉄回数券の立ち売り、デパートなど、場所を選ばずに連日偽造一〇〇円貨幣が使われており、近畿一帯など使われる範囲が広がっていました。

色が鈍くて光沢がなく、落としたときに濁った音がするなどがニセモノ発見の手がかりでしたが、ほとんどが売上金の集計中の発見で、犯人の姿を見たものがいませんでした。なかには捜査員が捜査の先で発見することもありました。

この偽造貨幣の流れは関東地方にも及んでいましたが、和歌山県警が犯人の下山を逮捕してこの事件は落着しています。自供によれば、下山は、自分が作ったニセガネで切符を買って、和歌山から大阪に通っていたそうです。

4　通貨偽造事件の検挙報告

東京・千代田区三番町にあった科警研の地下の倉庫には、偽造通貨事件の検挙報告書綴りが保管されていました。

偽造通貨取扱規定に従って送られた検挙報告書を綴ったものですが、そこでは次の各事件を見ることができます。
①　一八九四（明治二七）年、彫刻銅版を使った一円と五円のニセ札が東京市内で行使され同年七月に銅版彫刻師兼印刷業の小林ら五人が逮捕されています。この贋幣にはスカシがあって、東京をはじめ近県で一円が四、五〇〇枚、五円が三、五〇〇枚使われていますが、犯人の小林方からは偽造に使った銅版一六枚と一円札五〇枚、五円札一〇〇枚が押収されています。
②　一九〇七（明治四〇）年、東京市内で偽造一〇円紙幣が行使されています。これも彫刻銅版を使ったもので、同年一〇月に逮捕された犯人一味六人の自宅からは合計三、八〇〇枚の贋幣が押収されています。
③　一九二八（昭和三）年五月、近畿地方で一、〇〇〇枚を超す偽造一〇円紙幣が使われて精巧なニセ札といわれていました。主犯の村川は長野県上田の元印刷店員で写真製版を利用していましたが、逮捕されたときには竹行李四個に入れた製版機材や印

刷機が押収されています。

④　一九三三（昭和八）年、福岡で偽造一〇円紙幣の犯人を逮捕しましたが、検挙報告書には「この偽造券は写真銅版から印刷したもので偽造券には細い網目がかかっている。また、網目は真券の線を一定の間隔で切断しているから偽造券の文字や図柄はベタ印刷ではなく点々の印刷となって現れている」とありますから、この贋幣は写真製版を利用した網目印刷と考えられます。

⑤　一九三三（昭和八）年、函館でも偽造一〇円紙幣が大量に行使され、犯人の大野や原田らが逮捕されています。「表面は七度刷り、裏面は四度刷りで実物そっくりであるがインキは薄く像がぼやけている。＝中略＝写真石版術を利用して印刷したものので真券と図柄が同じであるが同じ図柄が幾色か重なっている」などと記されています。

⑥　一九五〇（昭和二五）年九月二一日、函館市内で偽造一〇〇円券四枚が発見されたのを皮切りに、連日偽造券が発見されていましたが、同年一〇月五日、青森市内で同じ記番号の偽造券二〇枚が発見されています。津軽海峡を挟んだ捜査で一〇月一三日

に犯人の一人が青森市内で捕まり、元印刷所の画工を主犯とする一味六人が逮捕されています。一味は偽造券を造る目的で石版印刷機と材料を買い入れ、描き版から転写した石版（平版印刷）を使って一二万枚の偽造一〇円券を印刷していました。

明治から昭和の初期までの偽造通貨については、検挙報告書のほかに手がかりがありませんが、報告書によればこの時代のニセ札はどれもその当時の印刷技術を追っていて、木版から彫刻銅版や石版印刷へと移り変わって贋造技術が巧妙となっています。しかし、なかには印刷でなく、線画で手描きした偽造紙幣などもありました。

図14 木版の線画で印刷され、行使された偽造券

5　わが国におけるニセドルの登場

ＩＣＰＯの偽造通貨情報やアメリカの偽造通貨専門誌カウンターフェイト・ディテクターによると世界でのニセアメリカドルの発見数は驚異的ですが、一九五五（昭和三〇）年当時のわが国におけるニセドルの発見数は一八枚でしかなく、自然に流れ込んだとみられる散発的なものでした。

しかし、一〇年後の一九六五（昭和四〇）年に入ると、一九六八（昭和四三）年一一月に都内のホテルで一〇枚のニセ二〇ドル札が発見されたのをはじめとし、国内の各地で三〇枚余りの同じニセ二〇ドル札が発見され、その後は東京、横浜、大阪、神戸、沖縄、福岡、名古屋などでニセ二〇ドル札が頻繁に発見されています。

一九六〇年代後半から一九七〇年代前半にかけては「うなぎ上り」や「右肩上がり」と報じられたように、ニセ二〇ドル札事件が急増し、一九六〇年代の後半には六六四枚、一九七〇年代では前半でさえ一、四三〇枚のニセ二〇ドル札が発見されています。

一方、一九六〇年代の後半から一九七〇年代に入るまでは年間数十枚程度だったニセ一〇〇ドル札が、一九七八（昭和五三）年には一挙に二六三枚になり、これを境にニセ二〇ドル札と一〇〇ドル札の発見枚数が入れ替わっています。

一九八〇年代末の一時期、北朝鮮製といわれ、スーパーダラーと呼ばれたニセ一〇〇ドル札がマニラで発見され、わが国にも上陸していました。

このニセ一〇〇ドル札はスーパーダラーといわれるだけあって、出来の良い偽造券でしたが、それでも欠陥はあって、画像の再現性が悪く、図形的に真券との違いが検出されていました。しかし、それらの欠陥は間もなく修正されて新たなスーパーダラーが登場しているところをみると、敵もさるもの、自家製ニセドルの欠陥を検討しているのでしょう。

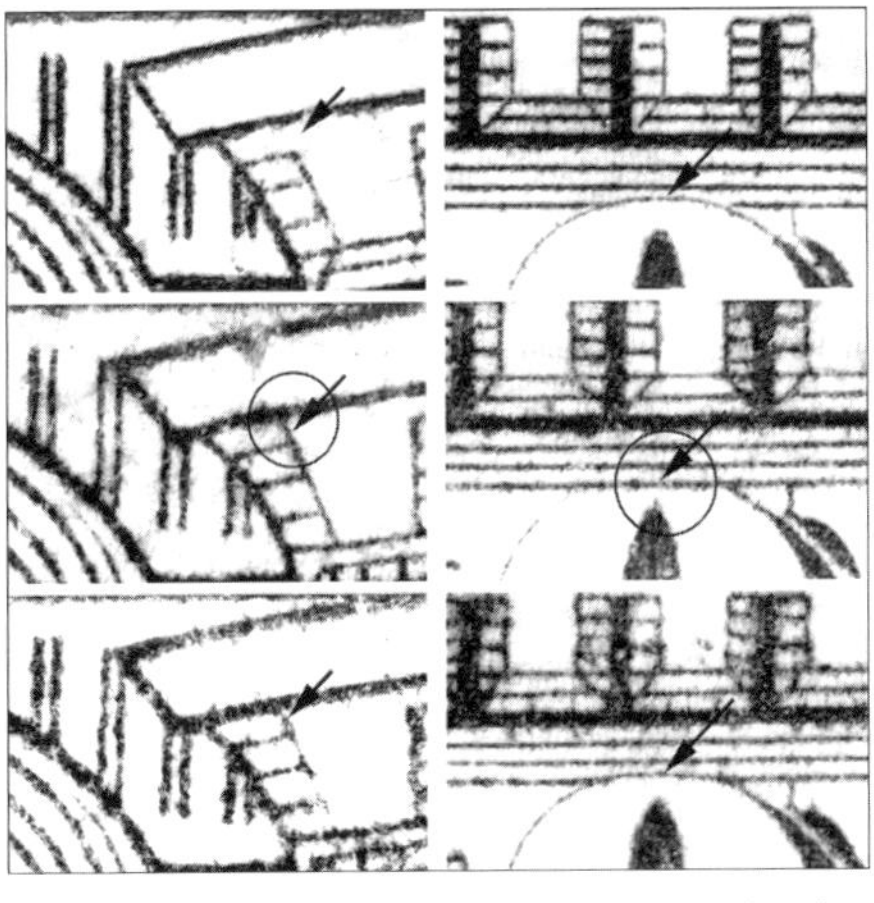

図15　スーパーダラーといわれたアメリカの100ドル券の裏面
上：真券、中：最初に発見の偽造券
下：修整された偽造券

一方、日本銀行券に目を移すと、昭和四〇年代以降はそれまでの千円に代わって一万円が偽造券の主役となっていますが、その数は急激に減少しています。ニセドルが右肩上がりに増えているのに反し、一九六〇年後半から一九七〇年代前半にかけての偽造日銀券の数はニセドルのわずか一二％でしかありません。

しかも、ニセドルが年々精巧になっているのに反し、日銀券にはコピー偽造券もあって、日本円の偽造は粗悪化の一途をたどっています。

こうしてみると、日本国内の偽造券分野では、円はドルに寄り切られたといえるでしょう。逆にいえば、偽造を困難にした日本銀行券の技術が偽造犯を押し倒したといえるかもしれません。

ここに挙げた数値はいずれも著者が科警研の現役だった昭和時代のものですが、平成以降はどうでしょう。日本円は令和時代を迎えて大幅に改刷されると報じられていますが、それでも近年、聖徳太子像のニセ一万円が都内のコンビニほかで五〇枚も見つかったと報じられていますから、法の目をくぐる輩は後を絶つことがないといえましょう。

6 アメリカの準備銀券とは

事情に耐えかねたようにセキュリティを大幅に向上させているものにアメリカドルがあります。デザインの長寿を誇ってきたアメリカドルが、一九九六（平成八）年からは、しばしば改刷され、多くのセキュリティが施されています。

一九一三（大正二）年一二月、アメリカ全土を一二の銀行区に分けた連邦準備制度法が成立し、一九一四（大正三）年に連邦準備銀行が開始されて連邦準備券（Federal Reserve Note）が発行されていますが、一九二八（昭和三）年以降のシリーズでは価格によって肖像が統一されていました。

この連邦準備券は一二の連邦準備銀行から発行されていて、各銀行はAからLまでの象徴文字（Symbolic Letter）と、象徴文字に対応した一から一二までのアラビア数字の象徴番号（Symbolic Figure）が付けられています。

一九六三年シリーズ以降の連邦準備券は、縦八枚、横四枚の計三二枚が一枚の大判紙に印刷されてから切り離されていますが、大判紙面のドル券は縦四枚、横二枚ずつの四区画に分けられていて、各区画のドル券八枚にはAからHまでの照合文字が付けられています。

日本では考えられないことですが、アメリカでは未完成の真正アメリカ紙幣が購入できます。未完成とはいっても、裁断前の印刷済大判紙で記番号も印刷されているから、切り離せば使うことのできる代物です。

売っているのはBUREAU OF ENGRAVING AND PRINTING、日本でいえば印刷局で売られているのは一ドル紙幣三六枚が印刷されている大判紙です。

一九八八（昭和六三）年に著者が帰国前に購入したときは、大判一枚が四〇ドルで、大判のままでDEPARTMENT OF THE TREASURY WASHINGTON.D.C.と印刷されたダンボールの箱に入っていました。

ＦＢＩのジミー氏が来日したとき土産に買ってきてくれたのは二ドル券が縦に四枚並んでいましたが、これはライフなどの雑誌に挟んで持ち歩けるサイズで人気があるそうです。

この印刷局では廃棄処分の段階にあったと考えられる各価格の真券をシュレッダーで細断し、それをミックスしてビニール袋に入れたものも売っています。

商魂たくましいアメリカ印刷局といえるのではないでしょうか。

科警研が扱う偽造通貨には紙幣（現在の日本には政府発行の紙幣はない）と銀行券の鑑定と貨幣の鑑定（貨幣は附属鑑定所が担当）のように全く違う二系統の鑑定がありますが、紙幣や銀行券では、まず、偽造方法や真正銀行券の偽造防止加工の確認が行われ、その上で一般の印刷物と同様の検査法で鑑定が行われます。例えば一万円では表面の総裁印影の蛍光インキ、肖像の白黒すき入れ模様、ホログラム、パールインキ、マイクロ文字の検査などがそれです。

一九六〇（昭和三五）年以前の偽造通貨の鑑定は実体顕微鏡や大型拡大装置を使用した目視検査で行われていて、必要に応じて拡大写真が撮られていましたが、その後、非破壊検査の範囲で素材を追及するようになって、赤外線テレビ検査や紫外線を利用する蛍光検査、軟X線による透過検査、あるいは蛍光X線分析やX線回折による紙質やインキの分析が取り入れられています。

前述のように兵庫県警科捜研は、銀行券をはじめ、商品券、旅券、各種のカードなどの偽造印刷物を検査するための多機能機器イスクド（ISQD：Image

Scanning system Questioned Documents）を開発しています。

Ａ４判サイズの文書が最大解像度１６００×３２００ｄｐｉで検査され、検査用光源には透過検査や反射検査用のキセノンランプ、蛍光検査用のＵＶランプ、三種の赤外ＬＥＤを備えており、検出画像はパソコンに投影されて保管される仕組みとなっています。

この装置の最大の特徴は真正有価証券のデータベースを内蔵していることで、銀行券などの現物がなくとも真券の特徴が得られ、速やかに結果が得られることでしょう。

磁性検査装置や赤外線テレビ、軟Ｘ線、あるいはＸ線分析などによって偽造通貨の検査は迅速、正確、合理性が確立されていますが、イスクドなどは偽造通貨ばかりでなく不明文字や改ざん文書、あるいは多くの印刷物の検査などにおいても利用価値がある装置です。

外国製の高価な機器が注目されて先を争って導入されていますが、イスクドはそれに劣らぬ多機能機種であることはいうまでもありません。

７　偽造通貨が生んだ札が使える自動販売機

千一三七号事件には捜査と別の話題があります。行使が頻繁であったことから、警察庁は発見を早めるために疑いのある千円札を届け出た人に捜査協力費を渡していましたが、われもわれもと届け出人が増えたことから警察署の窓口が悲鳴を上げていました。

「誰にでも簡単に真偽が識別できる装置が欲しい」

が、警察署の現場から科警研に寄せられた宿題です。

当時の科警研は研究の過程で、真券のインキに偽造券との違いがあることを把握していました。

蛍光X線分析では真券の印刷インキに鉄の特性X線が検出され、X線回折では酸化鉄の波形がみられるのに、古い時代のものも含めた偽造券にはこのような反応はまったくありませんでした。

そのころ、別の仕事で科警研に出入りしていた立石電機（現オムロン）の技術者にニセ札鑑別機の試案を話したら、立石電機中央研究所の山本所長が訪ねてきて、共同で開発しましょうということになりました。

半月ほどたって山本所長が持ってきたのは、試作した小型の平衡トランスです。平衡トランスの一方の隙間に真券を差し込むとメーターが触れますが、偽造券や白紙では何の反応もありません。

隠れた特性とは真券のインキに含まれていた酸化鉄の磁性反応です。

実験が成功して官・産共同作戦の銀行券真偽判別機ができたのはいうまでもありません。

年が変わって、一九六三（昭和三八）年に立石一真社長から手紙が届きましたが、封を切ると新聞の切り抜きが入っていて、そこには「大丸百貨店京都支店に札が使える食券販売機が登場」の記事が載っていました。

京都でお会いしたとき一真社長が、

「偽造券鑑別機はほかの場所にも使ってみたいね」

といっていましたが、自動販売機がそれだったようです。

今日では、自動販売機と名の付く多くのものに札が使えますが、札が使える自動販売機の誕生の裏にこのようなことがあったのを知る人は少ないでしょう。

その後、立石電機は磁性を利用した乗車券類を開発しています。

第七章

海外からの依頼鑑定

I　ヨーロッパで偽造された東京オリンピックの記念銀貨

文書鑑定には海外から依頼された鑑定もあります。依頼のルートはさまざまで、法務省や外務省経由のほか、ICPO事務局を通じてのものもあります。

「マイエル・ハインツ・ルカス、一九四三年一〇月一八日ウィーン生まれ、一九七二年七月三〇日、オーストリアウィーンで逮捕。同人が一九七二年六月二日及び六月二二日に、フランクフルトの二軒のドイツ人貨幣業者に売り渡したフィンランドの五〇〇マルッカ貨幣とパナマ二〇マルボア貨幣はいずれも偽造として押収された。二軒の貨幣業者には、日本の一、〇〇〇円貨幣がそれぞれ一〇〇枚ずつ売り渡されているが、偽造の疑いがあるため押収した。ドイツの警察では鑑定ができないので、一、〇〇〇円貨幣三枚を送って鑑定をお願いする。一九七二年八月九日ICPOドイツ国家中央事務局」。

一九七二（昭和四七）年八月二二日に警察庁国際刑事課のICPO事務局が受け付けたのはドイツからの鑑定依頼でした。

第七章
海外からの依頼鑑定

送られてきたのは一九六四（昭和三九）年東京オリンピック記念の千円貨幣でしたが、真貨との違いといえば、厚さが〇・〇五ミリ、直径が〇・二ミリ、重さが〇・二五グラムの差があるに過ぎませんでした。

貨幣の鑑定では材質確認のために、最初に蛍光X線分析を行いますが、送られてきた記念銀貨の材質は真価と同じ銀と銅で、その配合比は真貨と数%の差でしかありませんでした。

表裏の模様や周囲のギザなどは、ニセモノとはいえないほどで、鋳物の偽造貨幣に付きものの鋳型の合わせ目や鋳込み口の痕跡は全くありません。

実体顕微鏡で見ると、表の桜の花と裏の「年」字に鋳型のキズらしい痕跡が見られますから、プレスではありません。

真貨ではないことは明らかですが、鋳造であることの決定的な証拠が欲しいとなって、電子顕微鏡で検査をしたら、表面にデンドライト（鋳物が冷えるときにできる結晶、樹枝状晶という）が発見されました。

日本の貨幣は圧延加工（プレス）で鋳物ではありませんから、これがあれば問題の貨幣が鋳物の偽造であることを明確に示せます。

桜の花や年の部分のキズと、デンドライトの電子顕微鏡像の写真を貼って『偽造貨幣と認める』と回答しています。

第七章
海外からの依頼鑑定

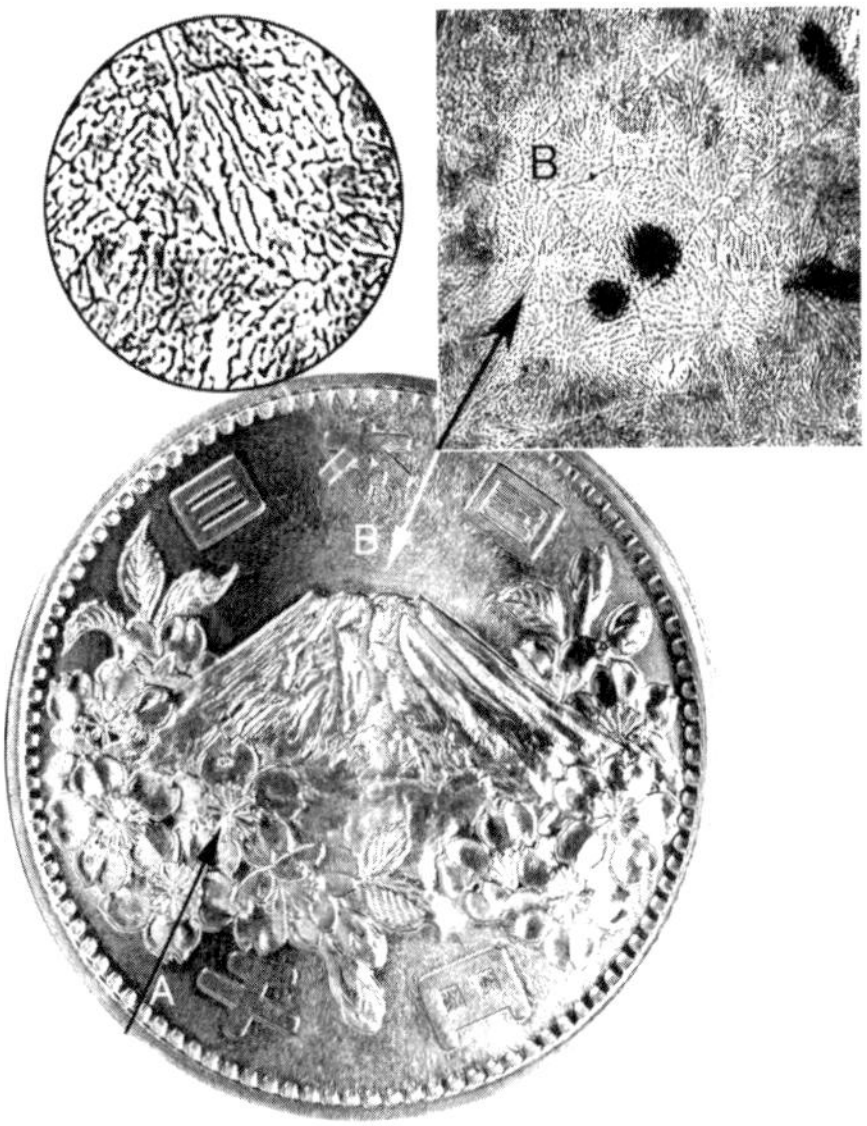

図16　ドイツやイタリーから依頼された1964年の東京オリンピック
記念の偽造1000円銀貨
右上：X線マイクロアナライザーで検出したデンドライト
左上：デンドライトの電子顕微鏡像（倍率2000倍）

ドイツの依頼からちょうど一年経った一九七三（昭和四八）年八月一五日、今度はICPOイタリア国家中央事務局からの鑑定依頼がありました。

「オベルマイエル・ウイルヘルム、一九四七年四月二日、ババリア地方シュナイツィー生まれは一九七二年七月二〇日、トレント州ロベルト市サンジョバンニ・ボスコ街二八のリギルッジェロ方に、フィンランド、パナマ、日本の貨幣及び五ドイツマルクを売りたいと申し出た。この貨幣は偽造の疑いがあるので、それぞれの国に貨幣一枚を送る。鑑定結果の書類と情報の提供をお願いしたい。一九七三年六月一三日、ICPOイタリア国家中央事務局長」

送られてきた貨幣は、厚さや直径、重さがドイツの場合と全く同じで、銀と銅の配合比も変わりませんでした。

これだけ同じならばどこかにデンドライトがあるだろう。

電子顕微鏡で検査した結果、デンドライトを発見しました。

前回にならって鑑定書を作成しましたが、検査の結果からみる限り、この事件の偽造犯人は同じといえるでしょう。

捕えられたのは行使犯でしょうが、偽造通貨にはこのように希少価値を狙ったものもあるのです。時期的に見てミュンヘンオリンピック（一九七二年）の記念貨幣ブームを当て込んだ犯罪だったのでしょう。

わが国でも希少価値を狙った偽造通貨はあって、昭和天皇在位六〇年記念金貨の偽造が出回って世間を騒がせましたが、どれも行使が目的ではなく、希少価値を種に金儲けを企んだ事件といえるでしょう。

II　ＦＢＩが捕えた日本赤軍メンバーのパスポート鑑定

一九八八（昭和六三）年八月九日、ニュージャージー州連邦検察局のジョン・レーシー副検事とＦＢＩのトーマス・ジョーブズ特別捜査官が来日しています。

同年四月一二日にニュージャージー州ハイウェイのハッケンザックサービスエリアで逮捕した日本赤軍のメンバー、下村が持っていた日本国数次旅券の真偽を確かめるための来日でした。

下村が乗っていたマツダの乗用車のトランクからは、消火器爆弾が三本と三・五キロの黒色火薬、タイマー、起爆装置、導火線、鉛の散弾などが発見されているそうです。

ＦＢＩが日本の外務省へ問い合わせたら、旅券は名義人のもので、旅券の番号から京都で交付されていることも分かったといいます。

この旅券が偽造であれば、ジャパニーズレッドアーミーの下村はアメリカに不正入国したことになるといいます。

初期検査の結果、この旅券は日本国外務省が発行した本物であることが確認されました。

旅券に貼られている顔写真が下村であることはＦＢＩが確かめています。

署名は漢字で「甲山一男」とあるので、写真だけを貼り替えて変造した旅券に間違いありません。

旅券に書かれている名義人から署名を取り寄せて筆跡鑑定をしましたが、署名の筆跡は名義人のものでした。

下村は顔写真を貼り替えただけで甲山に成りすましていたのです。

ラミネートフィルムが貼られている顔写真の二ヶ所には外務省のエンボシングスタンプが押されていますが、このスタンプは二つの印影を一対で同時に押す方式です。検査をしたら、スタンプ文字の凹凸の形や位置、裏面の押印痕は外務省の見本と一致していました。

旅券に押されている出入国印からみると、下村は、一九八七（昭和六二）年四月一五日にマドリードのバラハス空港から出国して翌日ユーゴスラビアに入国し、一九八八（昭和六三）年二月二二日にミラノでフランスの入国ビザを取って翌日パリのシャルル・ド・ゴール空港からフランスへ入国しており、二月二九日にパリでビザを取って三月九日にニューヨークに飛びアメリカへ入国しています。

旅券には一九八六（昭和六一）年一二月二日成田出国、一九八七（昭和六二）年五月八日成田帰国、一九八八（昭和六三）年一月二三日成田出国の出入国スタンプが押されていましたが、入国管理局の記録には、同じ旅券番号の出入国の事実はないといいます。

夜半までかかった検査で、写真の貼り替えが明らかになりました。

真正旅券では写真の上にラミネートフィルムを貼ってからエンボシングスタンプを押しますから、凹凸文字の部分のフィルムと写真は密着していなければなりませんが、下村の顔写真とラミネートフィルムの間には気泡があります。エンボシングスタンプの文字の凸状部分は写真と密着していないのです。

ラミネートフィルムの文字は凸状に盛り上がっていますが、写真の面は平らです。

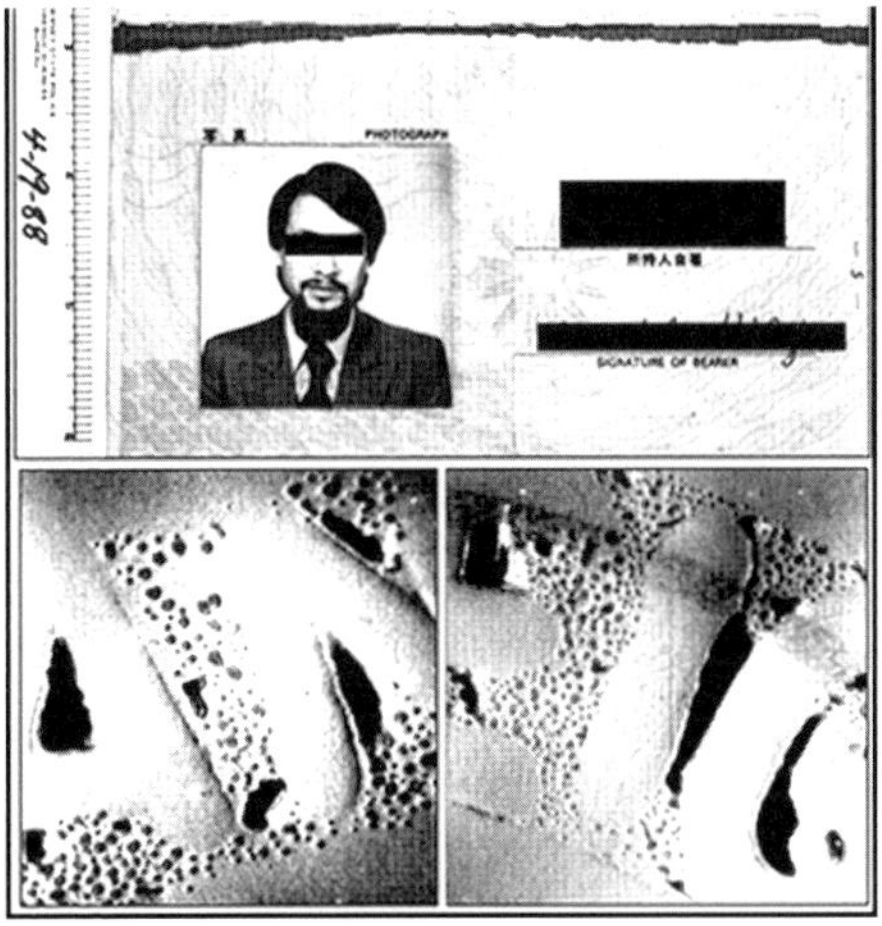

図17　不法入国でFBIに逮捕されたレッドアーミー（日本赤軍）のメンバーが所持していた変造日本国数次旅券
顔写真に貼られたラミネートフィルム部分（写真とラミネートフィルムの間に気泡がある）

ラミネートフィルムを剥いで写真を貼り替え、フィルムを元どおりに貼ったときにエンボシングスタンプの文字の凸状部に空気が入ったのです。

写真を貼り替えてフィルムを貼ったときに、間に入った空気を押し出すと突起がなくなって、凸状のエンボシングスタンプの文字がなくなるからでしょう。

貼り替えの事実が明らかになったことから、スタンプ部分の気泡を撮った写真を貼って鑑定を終えています。

八月一二日、ＦＢＩの二人は偽造旅券を持って、親指を立てて成田に向かっています。だが、この事件の鑑定には後日談があります。

一九八八（昭和六三）年一一月、日本の法務省を通じてＦＢＩから証人出廷の要請がありました。

陪審員制度のアメリカでは鑑定人は証人台に立って鑑定の一部始終を説明することになります。

アメリカ大使館からノースウエストの航空券が送られてきて、一九八八（昭和六三）年一一月二五日に日本を発ち、翌日、ニューヨークのケネディ空港に降り立ちましたが、そこにはトーマス捜査官が待っていて、入国審査も税関検査もなしにＦＢＩのワゴンに案内され、そのままニュージャージー州のニューアークに直行していきます。

証人の著者が日本赤軍に奪われないためのＦＢＩの行動だったそうです。

裁判の当日、アリトー連邦検事のオフィスで裁判所からの呼び出しを待っていたら、アリトー検事が帰ってきて、法廷取引が成立したといいます。

「裁判はなくなった。吉田の仕事は終わったから日本に帰ってよい」

といわれ、握手をして別れています。

一九八九（平成元）年二月七日、ニューアーク市連邦地裁のレクナー判事は、下村に懲役三〇年の実刑判決を言い渡したそうですが、アリトー連邦検事が提出した起訴状の罪状は、最高懲役一〇〇年、罰金二〇〇万ドルだったといいます。

下村は米国で服役した後に国外追放となり、二〇〇七（平成一九）年四月一九日に成田に着きましたが、そのときの下村は、日本国内に入ると同時に、「偽造有印公文書行使」の容疑で警視庁の公安部に逮捕されています。

Ⅲ　大韓航空機爆破事件の犯人〝金賢姫〟の偽造日本国旅券

韓国から二人の男性が訪ねてきています。

一人は著者の教え子で韓国国立科学捜査研究所の梁技師、もう一人は韓国調査局（韓国のＣＩＡ）の捜査員だといいます。

調査局員が「極秘で鑑定をお願いしたい」といって差し出したのは、一九八七（昭和六二）年にミャンマー上空で起きた、大韓航空八五八便ボーイング七〇七爆破事件の実行犯で、同年一二月一日にバーレーン空港で逮捕された日本名「蜂谷真由美」こと、北朝鮮工作員の「金賢姫（キム・ヒョンヒ）」が持っていた偽造日本国旅券でした。

この旅券が偽造であることは発見直後に、日本の印刷局員が韓国に行って確認していて、著者もその報告書を見ています。

この事件はすでに決着しているはずですが、今ごろなぜ鑑定が必要なのだろう。調査局員はこの旅券がどこで作られたものかやその精度を調査するための材料にしたいのだといいます。

蜂谷真由美の偽造日本国旅券ＭＧ　５０２１２０８は見掛けが本物と瓜二つで、スカシもあります。少々不鮮明ですが富士山と花模様のスカシは人を騙すのに十分なものでしょう。ですが、そこには本物との大きな違いがありました。

蜂谷真由美の偽造旅券は白スカシだけで、黒スカシがありません。

本物の旅券には白スカシと黒スカシが一緒に使われています。

わが国の黒スカシには「政府又は政府の許可を受けた者以外の者は、これを製造してはならない」という、すき入紙製造取締法がありますが、本物に見せかけるためなら、スカシがあるだけで十分と考えたのでしょう。

偽造旅券の出来ばえからみれば、黒スカシを見落としたとは考えられません。

この偽造旅券には印刷にも、真正旅券との大きな違いがありました。

真正旅券は普通の印刷機では印刷ができない凹版ザンメルという方式で印刷されていますから、模様の画線は色の変わり目に境がなく、一本の印刷画線の色が徐々に違う色に変わるのが特徴です。

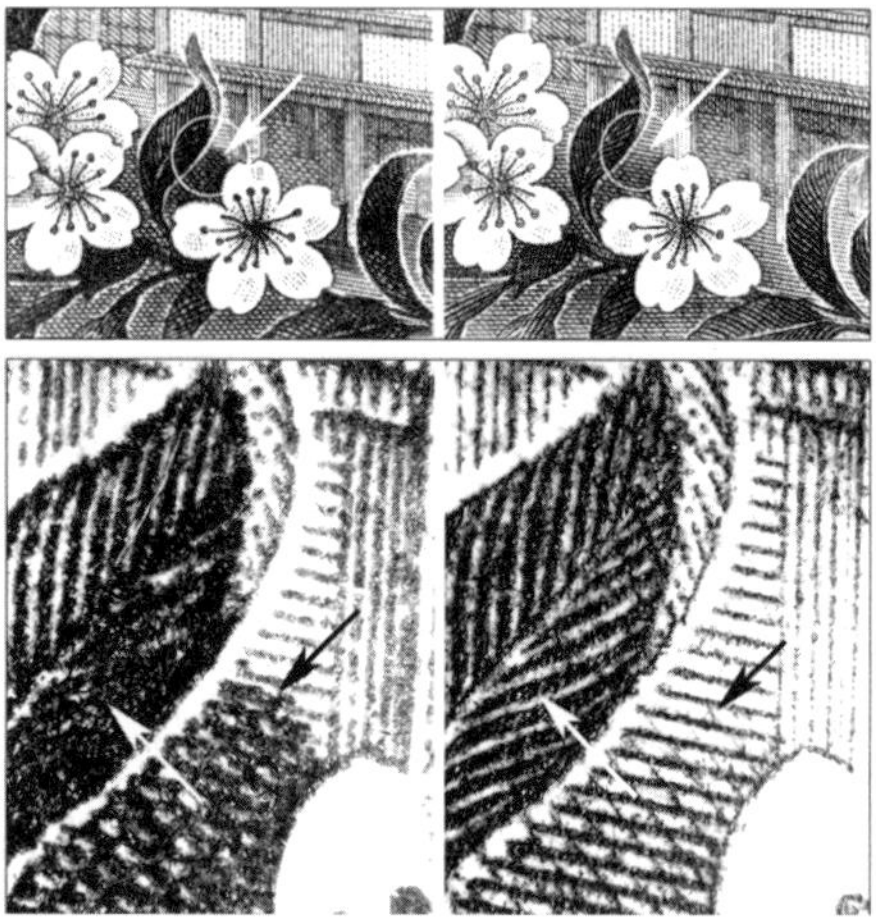

図18 大韓航空機爆破事件の北朝鮮工作員キム・ヒョンヒ
（偽装日本氏名：蜂谷真由美）が所持していた
偽造日本国旅券
右：真正旅券の凹版ザンメル印刷部分（インキの
色変わり部分に境がない）
左：偽造旅券の凹版部は二版で印刷されていて
違う色が重なっている

蜂谷真由美の偽造旅券は色が変わる部分に二枚の印刷版が使われていますから、色の変わり目に境があって、色違いの模様が重なり合っています。

凸版や凹版などの印刷版式は本物と同じですが、印刷方式は全く違うものでした。地紋も見掛けは本物と変わりませんが、ここでも色違いの模様に2枚の印刷版が使われていて、1本の線が2色のインキの重なり合いで表わされています。

本物はレインボー印刷といわれ、色の変わり目に境界がありませんが、偽造旅券の印刷はどこにでもある印刷方法でしかありません。

「蜂谷真由美」の署名は、旅券の所持人自書欄にボールペンで書かれていました。旅券に貼られている日本国出入国票PM6979587の署名欄の署名もボールペン書きです。

旅券の署名の「蜂」は出入国票の署名と似ていますが、「谷」の第三、四画は運筆状態が違っています。

検査結果を総合した結果、「蜂谷真由美」の署名は同一人の筆跡という結論に達しています。

日本人の女性といわれる李恩恵（日本の警察は李恩恵は拉致された田口八重子さんと判定）が指導したといわれる工作員の教育では、偽筆の訓練も厳しかったといわれますが、それでもこれだけの違いがあるのは、署名の模倣がいかに難しいかを物語っていましょう。

金賢姫著の「いま、女として」（＊53）には、偽造旅券が露見しないかと怖れ、最初から最後まで緊張が切れなかったと記しています。

Ⅳ　頂いてきた韓国のニセ一万ウォン札

ソウルオリンピックの前年の一九八七（昭和六二）年五月、共同研究の打ち合わせで韓国国立科学捜査研究所を訪れましたが、そこには偽造通貨の鑑定が待っていました。

大量の一万ウォン紙幣が出回っていて、真偽の判別はできましたが、手書きの絵を印刷したようでもあるので、偽造方法が分からないといいます。

差し出された偽造券を見たら、一見して木版印刷と分かる代物でした。日本の科警研で研修を受けている金課長や二人の技師は、日本では習わなかった偽造方法だといっています。

日本には木版のような幼稚な偽造はないから、カリキュラムに載せていなかったのです。

「木版印刷による凸版偽造」と偽造方法の鑑定結果を聞いた研究所長は、「ありがとうございました。偽造は分かったのですが、その方法が分からなかったので」といい、「木版は印刷版を木で作るのですか」ともいいます。

「版画ですよ」、「ああ」で、ようやく分かってくれました。

束ねられている偽造券は段ボールの箱いっぱいにありましたが、抜き出した数枚はいずれも版が違っていました。

それにしてもオリンピックの前に木版画の偽造銀行券とはと思いましたが、オリンピックでソウルを訪れる外国人観光客を狙ったのでしょう。

ドイツやイタリーの偽造貨幣がミュンヘンオリンピックの時期で、今回の偽造紙幣がソウルオリンピックの前であることから考えると、オリンピックはニセガネ使いの狙いどころかもしれません。

研究の打ち合わせを終えて帰国することになったら、金課長が偽造券を一枚差し出して、

「先生、鑑定をありがとうございました、記念にお持ち帰りください」

といいます。驚いていたら、横から所長が、

「たくさんありますからどうぞ」

とのことでした。大事な証拠品のはずですが、お国柄の違いでしょうか。日本では考えられないことです。

V　FBIが逮捕した日本人窃盗犯

一九八九（平成元）年九月二九日、在日アメリカ大使館の法務官James E・Moynihan（モイニハン）から電話があって、筆跡鑑定をお願いしたいといいます。

サイパン島であった日本人容疑者の詐欺事件で、筆跡鑑定が必要だが警察庁の国際刑事課は依頼を了解しているといいます。警察庁が了解なら「OK」ですといいまし

た。翌日、モイニハンが鑑定資料を持って現れました。

ＦＢＩ長官からの鑑定依頼も届いて、同年六月にサイパン島で起きた窃盗事件の筆跡鑑定を行うことになりましたが、事件の扱いは、アメリカ自治領北マリアナ諸島連邦サイパン島のＣＮＭＩ公安局でした。

クレジットカードの窃盗と、盗んだカードのサインを改ざんして使った詐欺事件で、被害額は二万五、〇〇〇ドル以上、容疑者は日本人のムラノヒロシとオヤマカズオの二人です。

裁判はホノルルで行われていますが、署名が漢字なので鑑定を依頼するとのことでした。

ＦＢＩの証拠品シールが貼られた鑑定資料は四種類で一五六枚もありますが、裁判が迫っているので、今回はとりあえずＦＢＩコード９０９１１０２・Ｄ・ＱＪ・Ｑシリーズの三四枚とコントロール（容疑者に書かせた筆跡）とを鑑定の対象とすることになっていました。

モイニハンは、裁判は二週間後に再開されるので、それまでに結果を出してほしいといっています。

鑑定の結果、問題の署名筆跡（オヤマが記入した被害者の本名）はオヤマ容疑者のコントロールの筆跡と筆者が同じであることが明らかになりました。

一〇月三一日に鑑定書を提出したら、折り返して、一一月六日から始まるホノルルでの裁判に出廷してほしいといってきました。

ですが、私はこの裁判に出られません。一〇日後の一一月一六日に始まるオーストラリアのクイーンズランド最高裁判所の裁判に出廷することが決まっているからです。

モイニハンは、「オーストラリアの裁判には支障がないようにします」といいますが、その話には乗れません。

ホノルルに行けばハワイの裁判所の指示に従わねばならないことになるでしょう。

「ここはアメリカだから、合衆国の法律に従ってもらう」

といわれればそれまでです。

このことはクイーンズランドの裁判で経験していて、裁判官から出国禁止命令を出されたことがあります。

警察庁国際刑事課の担当警部も調整に苦労されていましたが、一一月に入って間もなく朗報が届きました。

日本の警察で筆跡を鑑定したことを知った被告たちは、それまで否認していた犯行を自供して司法取引に応じたそうです。

この事件は、盗んだトラベラーズチェックのオリジナルサインを抹消して、自分で同じサイン（オヤマが書いた被害者の偽造サイン）を書き込む手口でしたが、オリジナルサインを消すのに使ったインク消しは日本から持参していたようです。

商用や観光などの善良な海外旅行者に交じって、渡航目的が「犯罪」の人物もいることを知った事件でした。

海外に出る人の渡航目的は公用、商用、観光などいろいろあるでしょうが、彼らの渡航目的は「犯罪」だったようです。

VI　オーストラリアの邦人殺人事件の鑑定

一九八九（平成元）年1月25日オーストラリアのクイーンズランド州警察本部の部

長刑事Thomasu William McGuiye（通称トミー）が訪ねてきました。

一九八八年一二月四日にクイーンズランド州ブリスベンのトランジットセンターで東洋大生が行方不明になっていますが、オーストラリア人容疑者ロバート・ダイの自宅の家宅捜索で東洋大生のものとみられるカセットテープや浅草寺のお守り、手帳などが見つかったのだといいます。ロバート・ダイは否認しているそうですが、押収品が東洋大生のものかどうかの確認のために来日したのだそうです。

鑑定資料は家宅捜索で押収した小冊子二冊とカセットテープのケース三個、それと、トミーが来日後に東洋大生の家を訪ねて、家族から借りてきた、東洋大生の大学ノートでした。

トミーは、「今年の五月二五日から予備審理裁判があるから、鑑定資料はそのときに持ってきてください」といい残して帰国しています。これは陪審裁判への出廷の予告でもありました。

二ヶ月ほどで鑑定を終えましたが、押収物の筆跡は東洋大生の筆跡と認められました。

第七章
海外からの依頼鑑定

オーストラリア大使館からカンタス航空の航空券が届いて渡豪しましたが、クイーンズランド州には検察官制度がないため、弁護士が警察の代理人を務めていました。五月二三日からの数日は、インド系オーストラリア人弁護士ラックスマンとの打ち合わせと、予備審理裁判で終わっています。

コアラ動物園のあるブリスベンにいながら、コアラを見ることもなく、五月二七日には成田に帰っていました。

帰国のときに記念にといって、刑事部長からポリスクラブの会員証とブーメランを贈られましたが、このブーメランには〝November〟と書かれていました。

ブーメランはオーストラリアの特産品ですが、「一一月の本裁判に戻ってくるように」とジョークを交えた刑事部長のメッセージ付きでした。

一九八九（平成元）年一一月一七日、再度の渡豪ですが、行き先はクイーンズランド州最高裁判所で、日本の領事の白岩さんは、結審まで何日かかるか分からないといっていました。

この法廷の宣誓では、裁判官が「聖書か、女王陛下か、自分に誓うかを選べ」といいます。

女王陛下が出てくるところをみると、やっぱり、ここはイギリスの一部なのでしょう。

宣誓が終わると廷吏が大声で「この宣誓は裁判が終わるまで有効である」と法廷内に伝えています。後で分かったことですが、これは証人や陪審員を拘束するためのものだったそうです。

弁護士のラックスマンは鑑定結果を告げていましたが、相手側弁護士の引き延ばし策で、著者の出番は回ってきていません。

出張期間が過ぎたので帰国するといったら、裁判長が「あなたは空港に行けばアンカーを掛けて連れ戻される」といいます。私には出国禁止命令が出ているというのです。

ここはオーストラリアだから、わが国の法律に従えということでした。

日本領事館員の永井容子さんが確かめに行ってくれましたが、裁判所が発行した出国禁止命令書のコピーを持って帰ってきています。

第七章
海外からの依頼鑑定

この裁判では予定の日程内に警察側の反対尋問ができないという、ミストライアルがあったことから、開廷から一ヶ月後の一二月一六日に裁判のやり直しが通告されました。

真夏の太陽が照りつけるブリスベンに一ヶ月も釘付けにされ、真夏のクリスマスウイークも経験しましたが、年が明ければまた渡豪する羽目になってしまいました。

一九九〇（平成二）年五月一六日から二四日にかけて再び裁判が行われています。ここではすでに鑑定結果が大幅に認められていましたが、殺害方法やその経緯の証拠が不十分ということで裁判は終わっています。

裁判が終わった晩に、警察本部殺人課の慰労会がありましたが、驚いたことに、その席に相手側の弁護士が来ていました。

不思議に思って隣にいた捜査員に尋ねたら、

「**ノーサイド**」

と返ってきました。そういう国だったのだ、を知った一言です。

コアラを抱き、太陽が北にあることを経験した裁判所への出廷は終わりました。

この事件、一九九三（平成五）年四月八日にブリスベン北方の森の中で日本人男性とみられる白骨死体が発見され、歯形の照合から死体は東洋大生であることが確認されたと新聞にありました。

註釈（参考文献等）

1）大沢一爽編：「文字の科学」＝財団法人法政大学出版局（1985）
2）播磨龍城：「龍城雑稿」＝新阿弥書院（1924）
3）鷺城逸史（本名砂川雄峻）：「法曹紙屑籠」＝酒井法律書籍店（1918）
4）大塚一男：「誤判と再審」＝株式会社晩聲社（1979）
5）根本寛：「筆跡事件ファイル」＝株式会社廣済堂出版（2007）
6）根本寛：「新筆跡鑑定」＝三和書籍（2015）
7）高取健彦編：「捜査のための法科学」＝株式会社令文社（2004）
8）吉川澄一：鑑識課の生い立ちから現在まで＝警視庁自警（警視庁自警会発行1927）
9）吉川澄一遺稿刊行会代表荻野隆司：吉川澄一遺稿『刑事鑑識』＝立花書房（1955）
10）石渡廣：被疑者写真の歩みと今後の構想＝立花書房、警察学論集Vol・43、No・3（1990）
11）石渡廣・吉田一美・中村良英：警察写真の今と昔＝写真学会誌Vol・48、No・5（1985）
12）金沢重威：「近代犯罪科学全集」第二篇・理化学鑑識法（刑事写真、六鑑識写真）＝武侠社（1929）
13）金沢重威：「科学写真便覧」：応用編、司法写真・ii改竄＝丸善出版株式会社（1952）
14）高村巌：「筆蹟及び文書鑑定法」＝立花書房（1950）
15）浅田一：犯罪鑑定餘談、六・筆跡鑑定＝「近代犯罪科学全集」・武侠社（1929）
16）日本古文書学講座第1巻、総論編＝雄山閣出版（1978）
17）浅田一：「防犯科學全集」第二巻、犯罪鑑識篇＝中央公論社（1935）

18）前田利明：「警察五十年」＝東京法令出版社（１９９４）
19）科学警察研究所＝「科学警察研究所50年史」（２０００）
20）魚住和晃：「筆跡鑑定ハンドブック」＝三省堂（２００７）
21）藤原宏ほか編：「書写・書道用語事典」＝第一法規出版株式会社（１９７８）
22）藤原藤一：別冊ジュリストＮｏ・74＝（１９８１）
23）町田欣一・今村義正：「捜査・鑑識の科学」第三巻、文書・心理鑑識＝日本評論新社（１９６０）
24）長野勝弘・吉田公一・飯田喜一：筆跡の解析に関する基礎的研究 第一報 書字運動のバイオニクス的研究＝科警研報告Ｖｏｌ・21、Ｎｏ・4（１９６８）
25）文書研究室：標本筆跡の分類と稀少性の検討＝科学警察研究所報告Ｖｏｌ・31、Ｎｏ・3（１９７８）
26）吉田公一・倉内秀文：楷書体漢字の筆順調査＝科学警察研究所報告Ｖｏｌ・31、Ｎｏ・１・Ｎｏ・4（１９７８）
27）保安電子通信技術協会：筆跡特徴値計測計算ハンドブック＝保通協（１９９０）
28）林大：「岩波講座・日本語3」・国語国字問題＝岩波書店（１９７７）
29）文部科学省：文部科学省「小学校学習指導要領解説」、国語編＝東洋館出版社（２００８）
30）吉田公一・星秋芳・石原正忠・関陽子：異名（偽名）中に出現する本命文字について＝犯罪学雑誌Ｖｏｌ・53、Ｎｏ・１（１９８７）
31）清水勇男：「捜査官」・第五章（「推定」の解説）＝東京法令出版（２００７）
32）日本文書鑑定研究会：署名制度における同一人性確認システムの調査研究報告書＝日本文書鑑定研究会（１９９１）

33）石井良助：「はん」　＝㈱学生社（１９６４）
34）吉田公一・星秋芳：印顆の製造工程について　＝科学警察研究所報告Ｖｏｌ・39、Ｎｏ・３（１９８６）
35）六郷町印章誌編纂委員会：「六郷町印章誌」第二部　＝六郷町役場（１９７５）
36）①吉田公一・木村英一：印章鑑定に関する基礎的研究、一印鑑登録証明書の印影と偽造の可否に関する考察　＝犯罪学雑誌Ｖｏｌ・65、Ｎｏ・２（１９９９）
②吉田公一・木村英一・小柴良介：印章鑑定に関する基礎的研究、二印鑑登録証明書の印影画像の再現精度　＝犯罪学雑誌Ｖｏｌ・65、Ｎｏ・４（１９９９）
③吉田公一・木村英一・小柴良介：印章鑑定に関する基礎的研究、二印鑑登録証明書の印影画像の再現精度（二）　＝犯罪学雑誌Ｖｏｌ・73、Ｎｏ・５（２００７）
37）吉田公一：印影と印面の直接照合システムの試み　＝犯罪学雑誌Ｖｏｌ・77、Ｎｏ・５（２０１１）
38）山本朋史・吉村隆・吉田公一：印影のスーパーインポーズ比較検査法～照合率・照合残差率検査法～　＝日本法科学技術学会誌Ｖｏｌ・13（２００８）
39）吉田公一・吉村隆・小柴良介：文書鑑定のための基本的平面幾何図形の提案　＝犯罪学雑誌Ｖｏｌ・80、Ｎｏ・２（２０１４）
40）石川正彰・須川幸治：フォトレタッチソフトを利用した印影の輪郭線検査　＝日本鑑識科学技術学会誌Ｖｏｌ・６（２００１）
41）印章偽造罪：「図解による法律用語辞典」　＝株式会社自由国民社、（１９９１）
42）印影、印鑑、印章鑑定：「手形研究」89号
43）菊地幸江：不明文字鑑定　＝科学警察研究所報告Ｖｏｌ・21、Ｎｏ・１（１９６８）

44）鎌田彌壽治：「写真技術講座、写真発達史」＝共立出版株式会社（１９５６）
45）吉田公一：オートラジオグラフィーの文書鑑識への応用　＝科学警察研究所報告Ｖｏｌ・23、Ｎｏ・４（１９７０）
46）吉田公一：TYPEWRITER MODEL IDENTIFICATION SYSTEM USING A COMPUTER＝INTERNATIONAL CRIMINAL POLICE REVIEW　Ｎｏ・４１７（１９８９）
47）松永景子・小林邦久・下山昌彦：スキャナ型検査装置の開発と科学捜査への応用　＝日本法科学技術学会誌Ｖｏｌ・18（２０１３）
48）作道洋太郎：「貨幣太平記」―（オカネと人間の歴史）　＝講談社（１９６０）
49）山鹿義教：「日本贋幣鑑識法」　＝手書き　（自筆）（１９２９）
50）科学警察研究所：文書鑑定及びポリグラフ検査法／法科学シリーズ４　＝科警研（１９７７）
51）科学警察研究所：文書（偽造通貨鑑定）検査法／法科学シリーズ４－２　＝科警研（１９８５）
52）大分県警察本部：「五千円札偽造、行使事件捜査概要」　（１９８４）
53）金賢姫著、池田菊敏訳：「いま、女として」　＝文藝春秋社（１９９４）

おわりに

その昔の古筆の鑑定は多くの古筆を集めた「古筆手鑑」との比較によっていたようですが、明治・大正時代には鑑定人の目視による主観的な判断が大部分で、理由を述べずに結果だけが示されています。

しかも、記載時期を断定するようなものまであって、弁護士の播磨龍城はこれを厳しく批判しています。

大正時代には金澤重威や浅田一らが文書鑑定に写真の利用を提唱しており、これによって、現在でいう印章鑑定や不明文字鑑定が頻繁に行われていますが、筆跡鑑定はそれより後の、昭和の初期になってはじめて行われています。

すなわち、わが国の文書鑑定は写真を利用した印章鑑定や不明文字鑑定が先で、筆跡の鑑定はそれより後に手が付けられたということになるでしょう。

今日、文書鑑定といえば、まず、筆跡鑑定が挙げられますが、歴史の上から見れば、それは文書鑑定が発足してから一〇年も後になって、はじめて行われるようになったといえそうです。

大正から昭和にかけての文書鑑定では、写真が主軸であって、それは平成の年代に入るまで続けられています。

当時は銀塩写真が使われていて、文書鑑定の写真はいずれも印画紙上にプリントしたモノクロームの写真によって行われており、その後になってカラー写真が使われていますが、これも銀塩を使ったもので、現在のデジタル写真とは大きく違います。

パソコンが登場したことから、平成に入ってからは、検体をパソコンに読み込んでパソコンの画面での検査が行われるようになり、今日では、銀塩写真は全く使われておりません。

そのこともあって、二〇年ほど前の文書鑑定の検査法の多くは、文書鑑定の場から消え去って、古い時代のものとなっています。

本書では、古筆見時代から今日までの文書鑑定の在り方を追ってみましたが、今日では勘と経験による文書鑑定は排除され、公共性のある合理的な検査法にかわっており、そのためのソフトウエアも構築されているのが実情で、法文書の分野では、複数の鑑定人が同じ方法を利用することができ、同じ結果が得られる文書鑑定工学的検査も取り入れられていて、過去にジュリストで藤原藤一検事が述べた方向に進んでいますが、今後ともこのような合理性を軸とする鑑定が進められていくことを望んでやみません。